编委会名单

CHINA Journalism and Communication Journal

中国新闻传播研究

2016（下）

中国传媒大学出版社
·北京·

目录 >>>> CONTENTS

文化与批判

理念与视点

品　鉴

媒介前沿

科幻电影视域下科学文化与人文文化的融合想象

——以科幻电影《地心引力》为例

Fusion Imagination of Scientific Culture and Humanistic Culture from the Perspective of Science Fiction Films

—Take *Gravity* as an Example

◎ 何天平　周　勇

He Tianping　Zhou Yong

摘要:"第三种文化"的可能性正逐步打破科学文化与人文文化的分野,本研究以好莱坞近年具有代表性的科幻电影《地心引力》为个案,对科学传播视域下的科幻电影加以审视。建立在科学文化与人文文化的"两种文化之争"的历史基础上,本文认为科幻电影是两种文化融合的代表性产物,印证着"第三种文化"的现实路径。通过对《地心引力》这一科幻电影的解构,能够发现科学与人文在其中相互映照,科学意识的大众化传播路径亦成为可能。

关键词:科幻电影,科学,人文,文化,传播

Abstract: The possibility of the "Third Culture" is gradually breaking the line between scientific culture and humanistic culture. Taking the representative Hollywood science fiction movie *Gravity* as a case, this study examines the science fiction movies in the field of scientific communication. Based on the "two cultures", scientific culture and humanistic culture, which keep struggling against each other in history, the science fiction movie is the representative product of the integration of the two cultures, which confirms the practical path of the "Third Culture". Through the deconstruction of the science fiction movie *Gravity*, we can find that science and humanity influence each other, and the popularization of scientific consciousness is also possible.

Keywords: science fiction films, science, humanities, culture, communication

一、研究背景:"第三种文化"打破两种文化的分野

在当前社会语境中,有关"文化"的讨论几乎触及社会生活的方方面面。对于"文

化”的阐释,也显现出个体经验式的复杂读解。如迈克莫里斯(Neville McMorris)所言,“文化讨论对于许多人而言都是‘窘迫’的,……一方面,过去的它看起来狭隘而受限。……另一方面,当前的看法又太宽泛,作为整个生活方式的文化显得过于模糊”。① 然而,即便我们尚无法准确定义“文化”,基本也能达成文化“源自历史与社会的形塑并始终处于动态变化之中”②的相关共识,可以说,文化便是人类在整个社会历史进程中所缔造的物质和精神财富的总和。文化所包含的类型层次丰富,除了实体的器物层面,也包括知识与权力、制度与观念等多种抽象而高维的层次,其中科学文化(scientific culture)和人文文化(humanistic culture)这一组宏观概念便能生成有代表性的具体意涵。从大方面来说,科学文化和人文文化便是构成人类社会文化体系的两大基本面向。

科学文化,是一种以自然科学为骨架的知识体系,在科学方法的指导下对客观自然界进行研究,强调理性的科学精神,即科学文化价值体系包括“求真、求实;公平、宽容;理性、规范;效率、协作;批判、创新”③等基本要素。人文文化则是一种以人为主体的知识体系,“人”的本体及价值是其研究的基本落脚点。人文文化强调对生命的移情和反思,更偏向感性的人文精神探索,即人类区别于工具的价值理性。倘若仅从研究取向而言,人们在发掘自我及精神世界时创造了人文文化,而在对独立于人以外的外部世界进行探索的过程中缔造了科学文化,科学文化与人文文化之间似乎有着先天的“对立性”。尤其在西方科学主义的科学观和人本主义的文化观并行发展的情形下,两种文化间的断裂更为明显。正因如此,斯诺(C.P.Snow)提出的著名的“两种文化”之争,才构成了一种有力的文化反思。在斯诺看来,西方社会的知识社群日益划分为两股极端力量:一是人文“知识分子”,二是以物理学家为代表的科学家。“他们荒谬地曲解对方的形象,时而还颇有敌意。他们看问题的态度截然不同,在情感上也难有共同基础。”④“知识分子”被认为是短视的,将艺术和思维囿于“瞬间”之中;而科学家则被视作“浅薄的乐观主义者”,缺乏对人及人自身处境的观照。逐渐地,两种文化的对垒成为一种具有普遍性的意见气候,对社会与个人发展构成潜在阻碍。但事实上,两种文化间又是具有统一性的,这种统一性首先表现在科学精神本身就是一种人文精神,从内核上来看,这两者是一致的。伴随后现代主义和后实证主义的社会语境变迁,“一

---

① MCMORRIS N.The nature of science[M]. Rotherford: Fairleigh Dicknson University Press,1989:123-124.

② 李中元.文化是什么[M].北京:商务印书馆,2014:8-9.

③ 苏青,聂晓霞.科学文化和人文文化:人类社会进步合二为一的动力[J].北京理工大学学报(社会科学版),2004(3):80.

④ 斯诺.两种文化[M].纪树立,译.北京:生活·读书·新知三联书店,1994:4-5.

种在文化整合运动之下(产生)的全新的人文主义思潮逐渐兴起”[①],并不断深刻作用于社会文化体系的演进。

布洛克曼(John Brockman)由此提出洞察世界的“第三种文化”的可能性,这一概念打破了科学文化与人文文化的分野,一批非典型的“知识分子”和科学家尝试用全新的方式来促成两种文化的对话与互动;美国学者凯根(Jerome Kagan)在此基础上提出“第三种文化”学说,进一步带动相当一部分跨学科践行者以“与众不同”的实践来消弭两种文化的边界,令科学“人文”起来,同时令人文“科学”起来。在“第三种文化”的基础上,两种文化的融合取得了合理性。

二、科学传播与科幻电影:一种科学意识的大众化路径

在哈贝马斯(Jürgen Habermas)看来,“科学文化并非取决于理论信息的内涵,而是由理论家身上具有启蒙性的审慎素质缔结的”。[②] 由此可见,科学成果的形成与人文书写休戚与共。从内在肌理来看,科学文化与人文文化都脱离不了具体的社会需求,公众是两种文化共同面向的对象。如较早注意到科学传播的社会学家贝尔纳所言,“一切有关科学交流的问题,不仅是面向科学家的问题,也是面向普罗大众的问题”[③]。因而,“第三种文化”所开启的科学传播,是致力于人类文明进步的一种文化“合力”,其核心理念便是令公众能够理解科学,这使得原本“曲高和寡”的科学获得大众化的语境现实性。

科学意识的大众传播,表现出科学文化和人文文化融汇的强烈可能性。科学传播不仅着眼于科学研究的推进,更对科学发展进行深入的质询和反思,实现“从科学界面向公众传授知识的缺失模型(deficit model)到公众与科学家进行平等对话的公众参与科学模型(public engagement with science)”[④]的转型,从而使得科学进一步“民主化”。

在众多科学传播的路径中,以科学为主要展示对象的艺术作品是被广为采纳的重要形式之一,其对趣味性、娱乐性和知识性等多元受众需求的兼顾,使得科学传播的社

① 孟建伟.探寻科学与人文文化的汇合点——对当代西方人文主义的文化整合思潮的反思[J].自然辩证法研究,1997(2):7.

② 哈贝马斯.作为“意识形态”的技术与科学[M].李黎,等,译.上海:学林出版社,1999:120.

③ 贝尔纳.科学的社会功能[M].陈体芳,译.北京:商务印书馆,1982:405.

④ MASSIMIA B. Of deficits, deviations and dialogues: theories of public communication of science[M]. London and New York: Routledge, 2008: 57-60.

会效果显著。其中,具有广泛受众基础的科幻电影则扮演着十分重要的角色。尤其在世界影视工业日臻完善与成熟的当下,不断大众化的电影消费令电影审美成为人们认识并理解世界的重要渠道,同时,处在变化中的艺术表达和组织,也不断拓展与实践着科学传播的新思路、新方法。科幻电影是一种"对科学进行合理幻想的叙事作品"①,其基本特质为从当前已知的科学原理或成果出发,对未来世界或过去情景进行想象性艺术生产。因此,科幻电影本身便是科学文化与人文文化相融的产物。然而,其在很大程度上面临着"重人文元素、轻科学逻辑"的批判,即便有对科学理论的阐释和反思,也并不一定能被电影观众所理解,遑论受到主流科学界的认可。例如经典科幻电影《第五元素》(吕克·贝松执导)从亚里士多德的"四元素说"出发,对早期宇宙观和力学的萌芽进行了人文化、艺术性的组织,电影叙事层面的成功不言而喻,但在"进入"电影空间之后,观众所能捕捉到的"幻想性"恐怕远比"科学性"多。再如一度颇受关注的好莱坞科幻电影②《星际穿越》,导演克里斯托弗·诺兰在片中对著名物理学家索恩(Kip Stephen Thorne)提出的黑洞理论进行了合理演绎。影片讲述了人类利用"虫洞"超越太空漫游的极限的故事,虽在科学传播层面突破了人们对科学发展的既有想象,也用更为通俗、流行的话语描述了尚属艰涩的科学发现,但仍被英国《卫报》批评为"仅仅是一篇漏洞百出的科学报告"。

由此可见,科幻电影发展至今,在两种文化的平衡上仍表现出"顾此失彼"般的缺陷。但是,从长远来看,其对于科学意识的大众化普及而言,仍有着相当重要的意义。同时,在不同领域中褒贬不一的科幻电影也将在持续发展中给两种文化的融合带来更多的启发与颠覆,这构成了本研究的重要基础。

三、解构《地心引力》:相互映照的科学与人文

本节将以阿方索·卡隆执导的好莱坞科幻电影《地心引力》(*Gravity*)为个案展开研究。影片讲述了宇航员马特·库沃斯基(乔治·克鲁尼饰)与莱恩·斯通(桑德拉·布洛克饰)搭乘"探索者"号进入宇宙修复哈勃望远镜时,遭遇太空碎片,飞船被击毁后,两人在浩瀚宇宙中艰难寻找返回地球的方法的故事。其他"同行者"全部丧生的故事设定,亦构成本片的独特性:一是在太空漫游格局下的"密闭空间"叙事,二是"独角

---

① 郑军,成追忆.光影两万里:世界科幻影视简史[M].天津:百花文艺出版社,2012:23.

② 科幻电影在欧洲发轫后(世界首部科幻电影是 1902 年梅里爱导演的《月球旅行记》),便在美国迅速崛起并发展壮大。如今,美国好莱坞影业已成为这一类型片的重要阵地,无论在资金、技术还是相关文化的积累上,都令其他国家难以望其项背。本文主要基于好莱坞科幻电影进行探讨,客观上也具有较强的代表性。

戏”式的人物形象刻画。影片采用的是微观视角下的宏观叙事，由此带来的个体对科学的探索等观影体验也更具共情感。

影片中大部分段落只有女主角一个人，她遭遇的双重危机在于，除了要面对运用已知科学来“求生”的挑战，也要面对在广袤的宇宙中产生的孤独与恐惧。从题旨来看，既有对“外”的科学发散，也有向“内”的人文思索，总体上科学基础与人文想象的比重较为均衡；从制作来看，“好莱坞报道者”网站评价本片为“没有外星人和星际大战，也没有反乌托邦桥段，一个人的宇宙旅行构成最具现实感的科学奇观”，在特效呈现和科学描摹上都富于逻辑，表现出较好的写实性；从影响来看，本片在全球获得超过 7 亿美元的高票房，并斩获七项奥斯卡奖项，同时，并没有过多复杂科学逻辑的涉入，在科学传播方面得到了不错的反馈。以上便构成本文选择《地心引力》作为个案加以研究的合理性。

(一)科学意识的人文表征:生命崇拜的意义生成

从《地心引力》的成功中可以看到，科学文化是需要借助人文文化来强化自身的意义的。

多数传统科幻电影所采用的科学理论因“超自然”的过度运用，并不一定能被主流科学界所接纳，如超能力、外星生命、时空穿越等。因而在叙事空间的设定上，这类影片常以未来时空为窗口，借航天飞船、人工智能或其他超越时代的科技元素来拉开与现实之间的距离，观众由此形成的代入感通常源自于“视觉奇观”而非“现实体验”。这在《地心引力》中便得到了较好的化解——本片在“共时”的视野下讲述了“零重力”空间中一个女人为了自己的生命存续与太空抗争的故事。

在科学背景层面，本片更为凸显科学意识而非科学理论，有关失重(weightlessness)现象的探讨构成全片的科学骨架，故而更为通达晓畅，亦契合大众的文化接受度。片中常见的科技元素都与现实紧密勾连：影片伊始出现的俄罗斯“联盟号”载人航天飞船，美国宇航局 NASA 包括哈勃望远镜、载人飞船等在内的颇具影响力的空间科学项目，中国的神舟载人飞船与“天宫一号”空间站等，都有具体的科学成果作为支撑。而情节上的“似曾相识”也在强化这种现实性，如片头出现的卫星被导弹击毁，这一设定与 2007 年中国的反卫星导弹试验[①]相似；而“大气层火球飞行的‘盛

① 在本次试验中，开拓者 1 号系列火箭携带动能弹头，击毁了中国已报废的气象卫星风云一号 C。这是继 1985 年美国发射 ASM－135 反卫星导弹摧毁 P78－1 人造卫星以来首次成功的人造卫星拦截试验。

况'也令人想起 2003 年美国哥伦比亚航天飞船残骸熊熊燃烧的景象"①。此外,航天服辅助推进系统的变轨能力、航天器的对接流程、太空碎片等相关技术、问题也都在片中得到相应的科学展示。综观全片,虽有为配合艺术表达的需要而"省去"的科学盲区,但在整体相对缜密的逻辑下,影片基本搭建出了一个较为真实的科学时空。从叙事设定看来,科学概念的诠释虽不算"出奇",但完整而清晰的世界观建设为更深层次的符号象征带来空间,对科学意识的人文表征是全片最大的亮点。

在看似简单的"失重"背后,《地心引力》实际要探讨的是人类与地球的关系这一核心命题,这主要依赖于人文意义的生成。广袤的宇宙本就是一个巨型的象征符号,隐喻着世界存在的全部意义;而莱恩在外部的"零重力"环境和内部的孤寂心理的双重压力下如何"活"下去,又隐喻着对个体生存及境遇的追问。引力、绳索、按键……看似冰冷的科技符号,象征着人与地球家园之间的羁绊,这与《2001 太空漫游》曾创造的震撼有着异曲同工之妙。而贯穿全片"逃离"事件的,其实还是最根本的"人"的命题。"失重"象征着回到生命最原始的状态,站在外太空反观地球这一人类生存的母体,以科学文化的视角思索人自身的存在价值。航天器、宇航服、空间站所联结起来的,是"重生"的双重释义:一是肉体的"重生",宇航员与太空展开"搏斗"是掌握自身命运的唯一办法;二是精神的"重生",牺牲后的马特在莱恩濒死之时"唤醒"了她,帮助她走出"最后一公里",这种颇具浪漫色彩的想象传达出了"人"本身在自然以外的强大力量。一切科学都建立在人的意义之上,对生命的崇拜之情的生发进而显露无遗。

在某种意义上,电影试图为人们阐释的科学意识是探索外太空的真正意义。科学研究的目的是帮助我们认识地球以外的"黑洞"式的生存,面对更为广阔的世界,只有认清它,我们才会更加珍视在地球上的诗意栖居,才能为更多未知的神秘现象"祛魅"(disenchanted)。无边无际的科学世界最终还是要回到脚下的土地和眼前的生命,这刚好印证了一切科学精神都是人文精神。

(二)艺术文本的科学阐释:"合理"与"移情"的建构基础

自然,《地心引力》并不完美。作为一部广受关注的科幻电影,"幻想"层面的意图基本得以实现,而乏于科学的具体建制也成为人们种种诟病的重要来源。"跨界"观众的与日俱增,使得类型化艺术创作的标准越来越高。笔者通过梳理部分社交媒体中人们对本片"科学误区/硬伤"的意见呈现(见表 1),得到了这样一个命题:人文文化亦需

① 迟惑.我是 NASA——评热片《地心引力》[J].太空探索,2014(1):31.

要借助科学文化来强化自身的认知建构。

表 1 《地心引力》中的“科学误区/硬伤”

类目	科学误区/硬伤
世界观	片名 *Gravity* 应为 *Zero Gravity* 实行太空营救的可执行性问题 乘坐“天宫”回地球的可能性微乎其微
空间技术	国际空间站与哈勃望远镜的轨道高度不同，主人公却没有进行数次变轨 卫星碎片飞行方向错误 通信卫星轨道高度太低 卫星爆炸的辐射面太窄 将灭火器作为推进器产生的运动速度不合理
科学常识	零重力环境下人类的头发应是飘散的 零重力环境下泪水无法变成泪珠 男主角拥抱女主角的可能性为零（能量守恒、动量） 脱去宇航服至少需要十分钟以上的协助操作 医学博士修复哈勃望远镜缺乏现实合理性

总体上，多数科幻电影都会表现出对现实的社会议题或哲学命题的文化性探讨，这是电影这一艺术文本理应具备的内核；但作为类型作品，科学又是其绕不开的独特聚焦对象。综观多数科幻电影，其表现出的或大或小的症结多与科学性不够严谨有关。

例如，片头宇航员们在修复哈勃望远镜时被太空碎片袭击，被迫向国际空间站转移，然而就长达 900 英里（约 1 450 公里）的距离来说，载人机动装置的有限氮气提供的反向动力经过测算，远无法达到要求。有科学工作者做出比喻：“就像在加勒比海扔下了一个海盗，让他游着去英国一样可笑。”再如，宇航员在空间站内脱下头盔后，头发在失重的情况下应当是飘散而非服帖的，但为满足画面造型的审美需要，《地心引力》也对此有所“忽视”。又如，片名 *Gravity* 的合理性有待进一步商榷，全片的实际情景都在展现“零重力”环境，也就是脱离引力后的状态，有观众认为 *Zero Gravity* 更为严谨。

虽然在世界观的建构上，《地心引力》对科学性的回应尚且充分，但在具体细节的落实上，仍有难以深入推敲的捉襟见肘之感。提出这些“意见”的人都具有一个共同的身份:电影观众,但同时他们又具备不同的社会身份,有的是科学工作者,有的是科学爱好者,有的是与科学行业无关的人士……可以看到的是,越来越"聪明"的观众对这类科幻电影的合理性的要求越来越高。凡此种种背后反映出的问题可能是,"跨界"创作的电影人应如何"进入"科学领域,用更为开放的心态去接纳对于特定的类型作品而言至关重要的"知识"。这恐怕并非审美本身能够主导的,更不是人文精神所能独立解决的问题。如同科幻电影大师詹姆斯·卡梅隆、史蒂文·斯皮尔伯格等也面临着观众在科学思维下的考问,《地心引力》所带来的启示是,科幻电影要想令人充分移情,就应重视科学逻辑,甚至不断求证——科学性是使这类作品臻于完善的重要的结构性因素。

四、消弭"沟壑":科幻电影的发展进路探索

20世纪以来,现代科技的高速演进为人类生活带来更多可能性:人工智能、生物工程技术、空间技术、新能源和新材料研究……人类社会的变迁也随之呈现出多元的底色。当科技的力量不断渗透到日常生活的方方面面,科学传播的重要性不言自明。与此同时,在科学文化和人文文化整合的可能性基础上,这些新的科学进展也为原本仅仅"专注"于艺术创作的影视文本提供了源源不断的素材。科幻电影不仅成为对现实科技发展的一种再现和合理想象,也是对现实科技发展的一种问题反映与反思,这对于不断大众化的科学传播而言,有着显著的推动作用。

然而,从世界范围内既有的科幻电影格局来看,有关科幻电影的文化探讨始终有着难以跨越的"沟壑",如从上文中对影片《地心引力》的文本分析可见,这类影片即便有着融合两种文化的现实基础,但在对科学文化和人文文化的"整合"和"权衡"上,仍存在诸多有待调和之处。科学意识的大众传播,不是两种文化谁包含谁、谁先于谁的问题,而是一个相互嵌入、彼此印证的过程。

建立在这样的认识上,本研究通过对影片《地心引力》进行个案解析,进一步延伸出对科学传播视域下科幻电影发展进路的探索。

其一,立足前沿科学领域,反观人文议题。《地心引力》中对地球科学与航空技术的展现,都表现出较强的当下性,而寓于其中的人本意识也折射出较为强烈的现实回应。有学者评价:"(《地心引力》)通过求生的'自我'对悲观的'自我'的统摄,冲破科幻

片这一类型的藩篱，成就现实题材在科幻空间里的深刻人文表达。"①与之类似，一些涉及生物科学、信息科学（人工智能）与环境科学等现实科技前沿领域的影片，也能体现出具有现实性的人文契合度。例如《她》（*Her*）、《黑镜》（*Black Mirror*）、《真实的人类》（*Humans*）等热门科幻影视作品中，都已经开始广泛探讨人工智能的科技伦理问题及人文反思，对于人工智能的科技阐释和想象具有当下性，而对人本身的关切却具有永恒性。

其二，科学逻辑的适配要从创作初期开始。《地心引力》在整体呈现上的科技理性应当受到肯定，但如上文所述的细节"纰漏"也反映着科学性在其具体创作环节中仍有缺失。这要求创作者在面对这样的类型作品时，对专业性有更为审慎、全面的考察。科学不能沦为作品中的装饰元素，而要与人文探索深度整合，以期打造出更值得信赖且富有意义的观影体验，为科学传播的价值生成创造更多可能。

有中国学者曾提出："国外的科普作品不仅是简单地讲科学知识，也会将浓厚的人文关怀融入创作之中。"②科幻电影作为科学传播的重要手段之一，发展至今，已经在逐步消解科学文化与人文文化之间的边界，使得大众化的科学认知成为可能。但是，要填补两种文化之间的"沟壑"，不能仅靠"第三种文化"的提出来解决。从理念到现实，或许还有更长的路要走，也需要通过更为丰富的实践不断加以验证。

参考文献

MCMORRIS N. The nature of science[M]. Rotherford: Fairleigh Dicknson University Press, 1989:123-124.

李中元.文化是什么[M].北京：商务印书馆，2014:8-9.

斯诺.两种文化[M].纪树立，译.北京：生活·读书·新知三联书店，1994:4-5.

苏青，聂晓霞.科学文化和人文文化：人类社会进步合二为一的动力[J].北京理工大学学报(社会科学版)，2004(3):80.

孟建伟.探寻科学与人文文化的汇合点——对当代西方人文主义的文化整合思潮的反思[J].自然辩证法研究，1997(2):7.

哈贝马斯.作为"意识形态"的技术与科学[M].李黎，等，译.上海：学林出版社，1999:120.

贝尔纳.科学的社会功能[M].陈体芳，译.北京：商务印书馆，1982:405.

---

① 商凌云.游离在科幻与现实之间——解析影片《地心引力》对真实的表现[J].山东艺术学院学报，2014(5):101.

② 倪思洁.中国科普作家协会秘书长石顺科：要让科学回归人文[EB/OL].(2015-06-23)[2016-08-20].http://tech.hexun.com/2015－06－23/176935869.html.

MASSIMIA B. Of deficits, deviations and dialogues: theories of public communication of science [M]. London and New York: Routledge, 2008: 57-60.

郑军，成追忆.光影两万里：世界科幻影视简史[M].天津：百花文艺出版社，2012：23.

迟惑.我是 NASA——评热片《地心引力》[J].太空探索，2014(1)：31.

商凌云.游离在科幻与现实之间——解析影片《地心引力》对真实的表现[J].山东艺术学院学报，2014(5)：101.

中国科普作家协会秘书长石顺科：要让科学回归人文[EB/OL].(2015-06-23)[2016-12-23]. http://tech.hexun.com/2015－06－23/176935869.html.

〔何天平，中国人民大学新闻学院 2016 级博士研究生；周勇，中国人民大学新闻学院副院长、视听传播研究所所长，教授、博士生导师〕

移动互联环境下新闻直播业态的重构

The Reconstruction of News Live in the Environment of Mobile Internet

◎ 杨凤娇　张思佳

Yang Fengjiao　Zhang Sijia

摘要：移动直播技术的应用，给新闻直播业态带来结构性变化，同时推动媒体深度融合。传统电视在视频直播方面的垄断地位被打破，更多传媒机构加入移动直播竞争，不同直播主体依托各自优势竞合共生；移动互联网的赋能效应使用户个体的能动性得到体现，引入用户力量是新闻直播生产机制的发展方向；新闻直播内容突破既有价值范畴，更多"轻题材"及有人文情怀的直播受到用户关注；直播从单向发布走向多主体间交互，新闻直播不仅仅意味着现场，还包括用户互动平台建设，在直播生产中及时回应用户的关注。

关键词：新闻直播，移动互联网，融合，交互，开放

Abstract: The use of mobile live technology brings structural changes to news live, and promotes media convergence. Traditional television's monopoly on live video has been broken, and more media organisations have joined mobile live competition. Different live subjects depend on each other's strengths to accrete. The effect of the mobile Internet enables users to show their individual power, and that is the develop direction of news live production mechanism. News live themes break the exiting value category, more "light theme" and stories of ordinary people entry the view of news live. Interaction becomes an important part of news live, and news live includes not only the scene, but also the construction of user interaction platform, and responds to the user's attention in live process. News live turns from one-way release to multi agent interaction.

Keywords: news live, mobile Internet, convergence, interaction

移动互联网的发展带来直播平台的迅猛增长，由于新闻在社会中占有重要地位，无论是媒体还是商业门户网站的移动端，均在争夺新闻资讯类直播资源，移动直播成为新闻资讯领域竞争的新阵地。从直播主体、生产方式到呈现形态，移动互联网环境

下的新闻直播正在形成不同于传统电视直播的新业态。

2016 年 4 月,由北京广播电视台和北京市文资办组建的北京新媒体集团与奇虎 360 共同推出国内首个新闻资讯移动直播 App——“北京时间”。[①] 同年 5 月,腾讯新闻客户端推出“直播”页卡；其后,网易新闻、央视新闻等多家客户端将直播入口在首屏醒目位置予以突出,预示直播在客户端竞争中的升级。直播不再是逢重大题材或突发事件才使用的报道方式,而成为一种基础性的发布形态,是用户随时可以观看并参与的一种信息获取方式。

移动直播的迅猛发展,得益于 4G 网络的普及、智能终端的支持以及网络资费的降低等。截至 2016 年 11 月,我国 4G 用户达到 7.3 亿[②],4G 技术使移动通讯设备能传输更大的移动数据流量,传输速度更快,视频观看更清晰流畅。智能手机的性能提升、数据流量价格下降以及 Wi-Fi 的普及,都使得用户对视频的消费从传统 PC 逐步迁移至移动设备。截至 2016 年 6 月底,我国网络视频用户规模约为 5.14 亿,其中手机视频用户达到 4.4 亿;主流视频网站移动端的流量占整体流量的 70%左右。[③] 这些数据显示,移动终端已成为用户消费视频的重要载体。

移动直播的独特性给新闻直播业态带来结构性变化。移动直播是基于移动终端的实时信息发布与社交互动平台,[④]这意味着移动互联网时代的新闻直播不再仅仅为用户提供与事件现场同步的实时图像,而是集视频直播报道、互动、社交于一体的整体行为。在移动互联环境下,直播的内涵变化,直播生产者和用户的关系改变,都使直播在生产方式、内容范畴和形态上有别于传统的电视新闻直播。而由于移动互联网的赋能,参与直播博弈的力量格局亦与以往大有不同。

一、直播格局变化:跨界抢滩　竞合共生

移动直播改变了原有新闻直播的竞争格局,同时推动了媒体深度融合。传统的电视直播需要微波转播车、卫星转播车等专业设备支持,新闻直播的竞争主要是电视台之间的比拼。依托于移动互联网的直播,只需一部智能手机就可以进行实况发布。移动直播降低了直播的设备门槛,让更多机构、个体用户参与到直播中来。当前移动直

---

① 李夏至.首个新闻资讯直播 App“北京时间”开启视频新闻直播时代[N].北京日报,2016-04-13.

② 王政.今年我国互联网行业收入增长超过 40%,速度快了 上网爽了[EB/OL].(2016-12-27)[2016-12-27].http://finance.people.com.cn/n1/2016/1227/c1004－28978642.html.

③ 中国互联网信息中心.第 38 次中国互联网络发展状况统计报告[EB/OL].(2016-08-03)[2017-03-15].http://www.cnnic.cn/hlwfzyj/hlwxzbg/hlwtjbg/201608/t20160803_54392.htm.

④ 周晓鹏.新浪网副总裁谈移动直播如何带来媒体弯道超车新机会[J].中国记者,2016(9):68-70.

播领域的竞争力量主要来自拥有持续生产优质内容优势的专业性媒体，以及拥有平台优势的门户网站新闻客户端、社交媒体。跨界抢滩、竞合共生是当前媒体融合进程中新闻类移动直播业态的两个特点。

视频直播已不是电视媒体的专属，近年来国内外通讯社、报纸、互联网门户网站、社交媒体平台等纷纷举起移动直播大旗。以我国纸媒为例，2016 年报业在移动新闻直播方面的探索亮点频现：3 月全国“两会”期间，《新京报》近 20 名上会记者配备便携式手持直播云台、实时直播流量包和移动直播台等设备，在“两会”现场拍摄视频画面，视频信号通过无线网络同步传回后方编辑团队和编导团队，并同步在新京报网、新京报客户端、腾讯新闻客户端播出；累计直播时长 98.5 小时，截至 16 日 15 时，累计浏览量超过 1 亿人次。① G20 杭州峰会期间，中国青年报社与北京新媒体集团联姻，双方合作的 G20 直播视频在“北京时间”平台上总播放次数达到 1 489.7 万次，累计观看时长达 193 万小时。②从《新京报》《中国青年报》的举措来看，媒体打破行业界限、“跨界”直播已成常态。

门户网站新闻客户端由于其平台优势而成为移动直播竞争中不可小觑的力量。艾媒咨询发布的《2016 上半年中国手机新闻客户端市场研究报告》显示，约 5.69 亿的中国手机网民获取新闻资讯的首选渠道为手机新闻客户端。而在活跃用户分布中，腾讯新闻、今日头条和网易新闻分别以 42.8%、32.6% 和 27.2% 的占比领跑新闻客户端。③腾讯新闻和网易新闻均较早开始移动直播领域的战略布局，腾讯新闻客户端在 2016 年 5 月率先推出“直播”页卡；网易新闻也于 2016 年 8 月发布“天网计划”，启动“全球特派员”即时响应机制以及面向优质直播 PGC 的“TOP100 伙伴计划”，旨在构建移动直播时代的新闻资讯直播内容生产体系。④

与此同时，值得关注的是传统媒体和新兴媒体在移动直播领域的竞合关系。例如前文提到的《新京报》与腾讯新闻客户端在“两会”直播中的合作，网易新闻和优质 PGC 生产机构的合作。观察各大新闻客户端直播页面上的内容，可以发现有不少是对其他机构直播内容的聚合，尤其是时政新闻领域的直播，商业门户网站由于没有采

---

① 全昌连.现场实时视频直播：《新京报》两会报道的媒体融合实践[J].中国记者，2016(4)：60-61.

② 陈婧.传统纸媒如何抢滩网络直播——以中国青年报 G20 杭州峰会直播报道为例[J].青年记者，2016(34)：8-10.

③ 艾媒咨询.2016 上半年中国手机新闻客户端市场研究报告[EB/OL].(2016-08-08)[2016-03-15].http://www.iimedia.cn/44054.html.

④ 网易新闻发布“天网计划”打造泛资讯直播平台[EB/OL].(2016-08-03)[2017-03-15].http://tech.163.com/16/0803/19/BTINSQQV00097U88.html.

访资质,一般采取与传统主流媒体合作的方式,提供联合播出的平台。

借助社交平台做直播,也是传统媒体提高直播影响力的举措。根据腾讯网科技频道企鹅智库团队 2016 年对移动用户的调查,社交应用在各新闻渠道的重要性排名中位列第二,仅次于客户端。用户年龄越低,使用社交应用获取新闻的频率越高。[①] 依托社交平台上的用户及社交关系开展直播互动,成为提升直播影响力的一个方式。据笔者统计,"央视新闻"在 2016 年 10 月至 12 月末这 3 个月内于新浪微博发起的直播就超过 100 场,其中 10 月 17 日的直播节目《神舟十一号载人飞船成功发射》和 11 月 18 日的《一起接"神十一载人飞船"航天员回家》关注度最高,从页面显示来看,观看量分别为 547 万次和 565 万次。12 月 31 日,央视新闻在新浪微博推出名为《光阴·行走》的 24 小时不间断互动直播节目,这次跨年直播的观看量达到了 155 万次。

传统主流媒体与新兴平台依托各自优势,既竞争又合作,从而实现共生。"共生理论"由德国生物学家德贝里(Anton de Bary)在 19 世纪 70 年代提出,20 世纪中叶以后在社会科学领域被广泛借用,其核心是互利共存、共同发展。新兴平台如腾讯、新浪微博,拥有可观的用户数量,而传统主流媒体在直播选题的策划、新闻内容资源的采集和挖掘方面具有专业优势,各方力量在竞争的同时展开协作,形成开放、多元、竞合的生态。

二、直播内容生产:范畴突破传统视域　PGC+UGC 成趋势

(一)新闻类直播范畴拓展

除了传统电视直播常见的重大突发事件、重大活动,移动直播的范畴更为多样,用户关注的、有公共价值的新闻、资讯都可以成为直播的题材,直播的应用更日常化、轻量化了。

重大题材、重要活动依然是移动直播的重要内容,也是主流媒体的优势所在。与传统电视直播不同的是,移动直播可以突破时间限制,对重大事件采取长时间、多地点直播。2016 年 G20 杭州峰会期间,中央电视台以电视现场直播、移动直播等形式,从时政活动、人物访谈、杭州实时景观、西湖演出等方面,全景式展示 G20 盛况,其中央视新闻新媒体对"习近平主席会见中外记者"的直播报道,观看人数达到 151 万,央视

① 彭兰.智媒化:未来媒体浪潮——新媒体发展趋势报告(2016)[J].国际新闻界,2016,38(11):6-24.

网多终端直播访问用户达 336 万人。[①]

突发事件因其不可预知性以及较强的现场感成为用户关注的题材。移动直播因设备的便携性,较传统电视直播能更迅速地抵达现场,更灵活地进行报道。2016 年 8 月 3 日,网易新闻客户端发布直播节目《直击强台风妮妲登陆广东 正面袭击珠三角》,画面上提示用户有两条观看线路:车被树砸现场和深圳大梅沙现场,用户可自主选择和切换观看内容。此次直播页面显示有 1 196.5 万人参与。

移动直播的视点正在突破传统直播时代以“重要性”为价值取舍的限制,一些轻松有趣、具有视觉传播价值的“轻题材”也受到移动用户青睐。例如,央视新闻 2016 年 6 月在其客户端和今日头条平台发布的直播节目《湟鱼洄游季,央视记者当网络主播直播鱼鸟大战》,在今日头条上覆盖人数超过 278 万。[②] 受关注的不仅是动物,还有美景。2016 年 11 月 21 日北京第一场雪,网易新闻客户端直播圆明园和百望山雪景,吸引了 163.7 万人参与。

一些富有人文情怀的直播在 2016 年收获了高关注度。例如上文提到的澎湃新闻和腾讯新闻合作的《千里骑行,回家过年》,澎湃记者用手机直播了 5 位身在广东的农民工骑摩托车回家的过年之路。这则关注社会底层劳动者的直播受到网民关注,腾讯新闻客户端后台数据显示,截至联合直播启动第 100 个小时,共有超过 2 100 万人次收看,同时在线人数峰值达 20 万。[③]同年 3 月 25 日,腾讯新闻直播了日本北海道被称为“一个人的车站”的旧白泷站关停前一天的活动。旧白泷站因位置偏僻而连年亏损,日本北海道旅客铁路公司 2013 年曾计划将其关停,但当地有一名女高中生需要在此站乘车上学,铁道公司因此而保留了这个车站,直至女孩高中毕业。[④] 直播页面累计 UV(Unique Visitor)45 万,PV(Page View)53 万。[⑤] 与火车站相关的节目还有网易新闻客户端 10 月 24 日直播的《别了,清华园火车站》,页面显示约有 328.9 万人参与。[⑥]这类直播传递出浓厚的人文关怀,既赢得了点击量,又收获了美誉度。

---

① 全方位高质量完成 G20 峰会直播报道任务[EB/OL].(2016-09-07)[2017-03-15].http://www.cctv.com/2016/09/07/ARTI8FLqKCxFXWKcivAbQyO1160907.shtml.

② 宁宁.央视也杀入直播,能否在红海大战中弯道超车[EB/OL].(2016-06-16)[2017-03-15]. http://yuqing.people.com.cn/GB/n1/2016/0616/c364056-28451344.html.

③ 全媒派.腾讯+澎湃:为什么我们要联手做一场 120 小时春运公路大直播?[EB/OL].(2016-02-04)[2017-03-15].http://www.1b1t.com/zatan/8072.html.

④ 李丹丹.唯一一名女学生乘客毕业 日本“一个人”车站明日关闭[EB/OL].(2016-03-25)[2017-03-15].http://www.bjnews.com.cn/world/2016/03/25/398182.html.

⑤⑥ 全媒派.鹅厂的视频直播,说赚就赚!资讯视频何以缔造“现象级变现”?[EB/OL].(2016-04-14)[2017-03-15].http://news.qq.com/a/20160414/027460.html.

(二)PGC+UGC 的合作趋势

移动直播的优势正体现在将用户个体的能动性汇聚到直播的生产体系中,改变传统电视直播封闭性的生产方式。UGC(User Generated Content)在拓宽信息采集网络、丰富直播视角、加强媒体与用户的互动联系方面有重要作用,而且 UGC 的草根视角也契合大众的心理;PGC(Professionally Generated Content) 在选题策划能力、新闻资讯把关、内容深度挖掘以及视频生产的专业性上具有优势。

在 2016 年移动直播实践中,不乏 PGC+UGC 的成功案例,其结合方式一般体现为:直播团队中的专业人员负责直播的选题或主题策划、内容把关,保障内容准确和导向正确;处在现场的用户提供及时、独家的新闻素材。2016 年春节期间,浙江新闻客户端围绕春节主题,策划了“春运直播”“春节回家路”和“晒晒你的年夜饭”系列直播,3 则直播均取得 30 万以上的点击量,其中“春节回家路”和“晒晒你的年夜饭”以用户分享内容为主。操作方式为媒体提前发布征集公告,设定特定主题,通过设置奖品和情感共鸣点的方式吸引用户参与。直播团队认为,真正调动粉丝参与积极性的是情感上的触发点,比如相同的价值观诉求,个人情绪的表达,对相同事物的体验和情感共鸣等。①

在突发性事件、偏远地区以及跨国新闻题材的直播中,尤其可以引入 UGC,请身在现场或周边的用户及时利用移动设备参与新闻直播的摄制和传播。2016 年 7 月,我国南方多省发生暴雨洪涝灾害,腾讯新闻派出拍客团队“追洪小组”前往各地灾区一线,直播抗洪抢险的第一现场。腾讯新闻对日本北海道“一个人的车站”即将停运的直播,亦是在经过 2 个月的策划后,请两名拍客在现场拍摄的。同年 8 月 26 日至 9 月 11 日,网易新闻统一调度旗下的地方站及全球特派员,对 46 所知名大、中、小学开学季进行直播;截至 9 月 6 日,有超过 2 000 万网友关注并参与此次直播。②

PGC+UGC 正成为移动新闻直播的一大趋势。央视新闻新媒体新闻部主任杨继红在谈到央视移动直播的发展时,一方面强调专业媒体直播为用户带来对社会进程和公共事件的参与感,另一方面也强调希望身处现场的用户可以通过手机和央视新闻的平台发起移动直播。央视还在其相关移动端产品上设置了相应的图标提示——“通过

---

① 向冬雪,程阳蓓,周丰,等.移动新媒体直播报道模式探索 以浙江新闻客户端春节系列直播为例[J].传媒评论,2016(3):59-61.

② 全球学子来“报道” 网易新闻打造名校开学季大直播[EB/OL].(2016-09-07)[2017-03-15].http://mt.sohu.com/20160907/n467858225.shtml.

这样的交互，用户有机会成为突发新闻事件的报道者或重要社会进程的参与者，并与我们成为传播合作者及版权分享者。”①

(三)在线生产与协作

移动直播对时效性的要求更高，这决定了其需要更迅速的响应机制和更高效的流程。移动端既是用户的接收终端，也是直播内容采集前端。借助移动互联网和移动终端实时采集、传输、发布信息是移动直播的特点。新华社新媒体部将移动直播的生产方式总结为“实现了在线式采编发，前方记者即拍即传、后方编辑边审边发，端内沟通、线上指挥、网状采集、协同作战”②。

直播不仅仅意味着现场，后方编辑可以及时为前方记者上传的内容补充背景资料以及现场记者视域之外的信息。前后方协作可以使直播的信息量更为丰富，背景补充有助于用户更好地了解新闻事实。

后方的协作还体现在与用户的互动上，包括设置话题吸引用户参与，观察用户的评论和直播需求并及时与采访现场的记者、拍客或主播沟通等，从而及时地对直播内容予以调整。吸引用户关注和参与是初级层次的互动，在直播的生产中及时回应用户的关注，是更具实质意义的互动。

三、直播中的互动：多主体在线交流与权力去中心化

“不论哪一类直播平台，除却直播内容本身，主播与观众以及观众与观众之间的实时互动，才是移动直播区别于传统直播的更为关键的特征。”③在传统的电视直播中，互动主要通过热线电话、短信等方式进行，参与人数有限，“互动多数时候是装饰性手段”④。移动网络下的直播是向用户开放的、实时在线的，互动成为直播的重要组成部分，其形式和对内容的影响也有更多的可能性。

(一)从“共同在场”到“同场交流”

20 世纪 70 年代，美国学者詹姆斯·凯瑞(James Carey)曾提出传播的两种观念——传播的信息传递观和传播的仪式观。重大事件、活动的电视直播是信息的发布

① 杨继红.电视媒体为何做移动直播[N].光明日报，2016-12-31.

② 何强，闫帅南.关于移动视频直播新闻的几点思考[J].中国记者，2016(8)：81-82.

③ 周晓鹏.移动直播迎来狂飙突进年[N].中国新闻出版广电报，2016-08-23.

④ 彭兰.智媒化：未来媒体浪潮——新媒体发展趋势报告(2016)[J].国际新闻界，2016，38(11)：6-24.

和传递，从文化研究的角度看，也制造了一种“共同在场”的仪式感。网络直播将“共同在场”发展为同场交流，用户是观看者，也是参与者和分享者。而移动终端的便携性和广泛性进一步从时间和空间上突破了用户参与的局限。

当前移动客户端的直播页面上，一般设有直播区和互动区，用户在互动区可以提问、评论、点赞，如网易直播的“聊天室”、新华社“我在现场”的“边看边聊”等互动版块。有的平台在直播中还使用了实时弹幕的互动形式，例如 2016 年《时尚先生 Esquire》特稿实验室与腾讯新闻联合发起的“黑镜实验”直播。腾讯新闻、网易新闻客户端移动直播页面上显示的观看人数或点赞人数，则能进一步强化用户的这种“在(同)场感”。

在移动直播可使用的交互形态中，用户评论的文本、页面中飘飞的点赞符号、弹幕文字、网站显示的在线人数，都是“可见”的“在场”。有研究人员曾比较过电视直播的仪式感和实时弹幕带来的仪式感，认为在电视节目中，受众产生的想象是“此时与我一样在观看节目的有多少人”，但观众没有“可视”的依据，这种想象的不确定性在某种程度上表明了观众的孤独，而这种感受在某种程度上只能靠同时在场观看节目的家人等来消除。视频中实时显示的弹幕则是一种“可视化”的在场，视频观众不再质疑其他受众的在场性，“即使那些弹幕可能只是少数几个人的重复发送而已”①。

此外，选题不同，互动形态设计也可以不同。腾讯新闻于 2016 年 3 月策划的谷歌“人机大战”直播，设置有“珍珑棋局”有奖竞猜，吸引用户参与，有效增加了用户停留时长，提高了观看黏性。

(二)互动中的内容生产与权力去中心化

互动不仅仅使移动互联网直播在形态上区别于传统电视直播，互动的文本本身也成为用户浏览的一部分；用户对视频内容的反馈会影响后续观看者的理解，也会直接影响到直播团队的直播走向。

具体来说，用户在评论区发表的观点和意见、对于直播制作的建议或要求，可以迅速反馈给导播或一线记者，用户因而参与到内容生产中。腾讯新闻资讯部总监孟田芳在接受笔者访谈时说：“移动直播中网友留言说想看谁谁的镜头，我们就可以及时调整。这种参与，在传统电视中是不可能实现的。这其实是‘以谁为主导’的问题，原来是导播决定给观众看什么。我们有的直播是多路直播，同时有多个画面，你可以自己选择看哪个，切换权给了用户。”

---

① 吕鹏，徐凡甲.作为杂货店的弹幕池：弹幕视频的弹幕研究[J].国际新闻界，2016(10)：28-41.

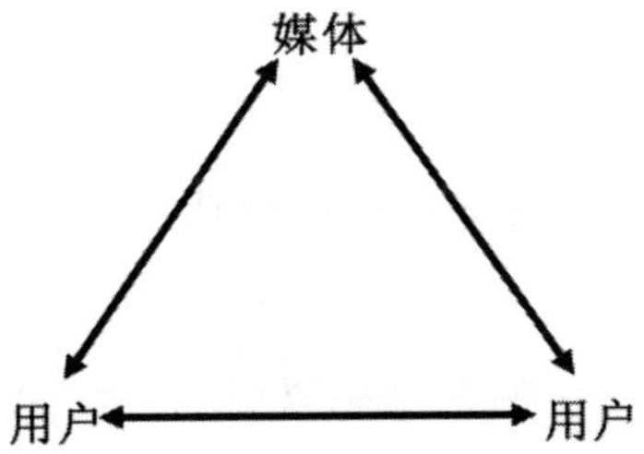

图 1　移动新闻直播互动模式

对同一新闻事件的多路直播，可以为受众带来对某一新闻事件的多角度呈现，观众可以依据自己的兴趣自主选择进入某一直播场景中，而这在传统电视直播时代是很难实现的。2016 年 3 月，在直播 AlphaGo 与韩国名将李世石的围棋大战时，腾讯新闻在直播页面设置了双屏切换的功能，用户可以选择演播室讲解画面或人机大战现场镜头进行观看。

无论是用户意见对直播制作的直接影响，还是用户观看时拥有的切换权，都体现出移动互联环境下的直播不再只由媒体直播团队决定。英国广播公司负责 Facebook Live 内容的洛斯·阿特金斯(Ros Atkins)曾说："当你进入 Facebook Live 时，你无法建立一个详细的编辑计划。如果你这样做，你将会失去你的观众。……我的一个主要切入点是，我很感兴趣观众的意见。也就是说，你所制作的内容和话题应当是观众提出的话题。"①

在移动互联环境下，直播不再仅仅意味着信息发布，互动成为新闻直播的重要构成部分：通过互动吸引用户和增强用户黏性，在开放的互动中发现用户的需求，进而对直播进行优化。互动不仅仅是形式，更应成为内容创新的来源。

结　语

移动直播技术在新闻领域的发展给新闻直播业态带来结构性变化。直播主体的增多以及用户生产在媒体直播生产机制中的引入，将助力新闻直播业态走向开放和繁荣。近年来，VR、无人机技术在移动直播中的应用也让用户对新闻现场有了更好的体验视角。技术发展的目的是更好地服务于用户需求，从当前移动新闻直播的发展来看，在重视平台搭建和技术创新的同时，还需要加强优质内容的供应，为用户提供更好

① 刘征.全球移动新闻直播的现状及特点分析[J].传媒评论，2016(8)：35-38.

的新闻资讯服务。

移动互联网时代,新闻类直播的发布和观看成为随时随地可实现的“掌上行为”,然而“内容的重要性不会为形式的便利性所取代”①,优质、原创的内容仍是移动新闻直播发展的基础。当新闻直播成为一种较为普遍的生产方式和观看形态,直播选题的策划凸显出重要性。与此相呼应的是直播语态的转型:当播放直播的屏幕从客厅的电视机转移到人们手中的小屏时,不仅主播与用户之间的“空间距离”被缩小,两者进行交流的语态也发生了变化,在移动端直播的主播更适合采用日常说话的语态和用户交流。提供有公共价值的优质、独家直播既是媒体实力竞争的核心所在,也是建构移动互联环境下媒体影响力的重要路径。

〔杨凤娇,中国传媒大学新闻传播学部教授;张思佳,中国传媒大学新闻传播学部广播电视学硕士研究生〕

① 陈晨.内容为王仍不过时[N].光明日报,2016-03-03.

“再现”和“延伸”
——媒介进化论视角下的虚拟现实

Representation and Extension
—Virtual Reality from the Perspective of Media Evolution

◎ 贺洪花　黄学建

He Honghua　Huang Xuejian

摘要：当前，关于虚拟现实的研究集中于技术开发与应用层面，选取传播学视角展开的本体性论述较为匮乏。参考保罗·莱文森的媒介进化论以及麦克卢汉的媒介观对虚拟现实进行分析之后，本文认为：虚拟现实的再现方式进一步接近人性，再现内容进一步接近真实世界，而它对人的延伸是对身体所有感官的全面延伸，找回了人类在前技术时代中的感官平衡。

关键词：虚拟现实，媒介进化，再现，延伸

Abstract: At present, the research on virtual reality mainly focuses on the level of technology development and application, but the ontological discussion under the perspective of communication is scarce. Based on Paul Levinson's theory of media evolution and McLuhan's media theory, carrying on the analysis of the virtual reality, we believe the feelings virtual reality brings are closer to the human nature than ever before, and the reappearance of the content is closer to the real world. And it brings a comprehensive extension of all the senses of human body, which retrieves the sensory balance that human having in the pre-technological age.

Keywords: virtual reality, media evolution, representation, extension

2015年，虚拟现实技术（VR）崭露头角，多种VR产品陆续登陆全球消费市场。在2016年的第八届全球移动互联网大会（GMIC）上，虚拟现实产业成为焦点。据报道，VR行业将迎来快速发展，有望在四年内超过智能手机；[①]预计到2020年，VR产

① 丁栋.全球移动互联网大会关注虚拟现实产业[EB/OL].(2016-05-01)[2016-05-02].http://www.china.com.cn/guoqing/2016－05/01/content_38362071.htm.

业产值将达到千亿美元级别，相当于如今的笔记本电脑行业。[①] 科技巨头纷纷进军虚拟现实领域，2016 年更是被称为“虚拟现实元年”。

其实早在 20 世纪 90 年代就有学者提出：虚拟现实的最终目标可能是一种多功能的传播媒介——带来沉浸感的电视和电话的结合。[②] 过去几十年，虚拟现实技术的研发进度或许有些缓慢，但近两年已经有了突飞猛进的发展。虽然，在针对这一即将给人类带来重大影响的新媒介的研究中，传播学的视角必不可少，但是迄今为止，国内外对于虚拟现实的研究仍然仅仅集中于技术开发与应用层面。

一、虚拟现实——进化中的一种新媒介

虚拟现实即将改变人类的生活方式，成为继电脑、智能手机之后又一种非常重要的新媒介。毫无疑问，虚拟现实将在媒介演化史上留下浓墨重彩的一笔。

在前技术时代，人类处于自然状态，用自然的方式与环境进行互动。我们只能用自己天生的感官与世界进行交流，感官平衡，整体和谐，但是感受的范围极其有限。于是，在机械时代，人类创造了新媒介来延伸感官。通过电话我们可以瞬间听到千里之外的声音，通过电视我们足不出户就可以看到万里之外的风景。新媒介无限延伸我们的感官，相对而言，世界就变小了。互联网更是将全人类紧密联系起来，把偌大的地球变成了小小的“地球村”。但与此同时，新媒介也打破了人类的感官平衡，带来了一个强烈分割的、个人主义的、专门化的、疏离的新环境，正如麦克卢汉所言：“机械技术使人体功能延伸和分离，使我们与自身失去接触，因而使我们近乎分崩离析。”[③]在此基础上，媒介环境学派的重要代表人、美国媒介理论家保罗·莱文森提出：“技术的发展会使人远离人工环境，而进入一种天然自然、人类潜意识中对自然的回归和向往(状态)。真实空间是技术产生的源泉和动力。”的确，当人类被技术异化之后，感官平衡的打破势必对心理平衡造成负面影响，生理压力将带来心理压力，我们由此产生了对整体和谐的渴望，以及对前技术时代“天然自然”的回归。从把人固定在桌前的互联网到随时可用、无处不在的移动互联网，这个发展过程深刻地体现了人类远离人工环境的“天性回归”。

---

① 智玩派.2016 VR 元年：虚拟现实到底离我们有多远？[EB/OL].(2016-04-29)[2016-05-02].http://mt.sohu.com/20160429/n446900550.shtml.

② BIOCCA F, LEVY M R. Communication applications of virtual reality[M]// Communication in the age of virtual reality. Appleton: Lawrence Erlbaum Associates, 1995: 127.

③ 麦克卢汉.理解媒介——论人的延伸[M].何道宽，译.南京：译林出版社，2011：129.

如今，强调“沉浸感”和“在场感”的虚拟现实不正是更接近“远离人工环境的真实空间”了吗？从保罗·莱文森提出的媒介进化论来看，虚拟现实的进化趋势具体体现在两个维度上：再现真实世界的水平和对原始媒介时空延伸能力的维持。如他所言，“媒介的进化趋势使再现真实世界的水平不断提高，但同时，这样的再现又试图维持原始媒介在时空方面完成的延伸”。笔者的解读是，再现真实世界的水平应包括再现方式的人性化和再现内容的准确化。方式的人性化即莱文森一直强调的人性化趋势，这一趋势的内涵就是指技术总是朝着找回人类原始感官平衡的方向发展，努力模仿人类最自然的行为方式和思想方式。而再现内容的准确化即对远离人工环境的“真实空间”的追求，对自然环境的无限贴近。虚拟现实通过对使用者视觉、听觉、触觉等感官知觉的模拟，能够让使用者用最自然的方式与环境互动，这便是再现方式的人性化趋势的具体体现。其通过电脑构造的三维虚拟环境，则是进一步的真实内容再现。进入虚拟现实场景后，使用者如同身处其中一般，可以及时、没有限制地观察三维空间内的事物，这个空间可以是真实的世界再现（如虚拟现实在旅游行业中的应用），也可以是完全虚拟的空间（如游戏场景）。通过虚拟现实这一媒介，人类可以感受到的世界范围就被拓宽了，认识世界的能力也得到了增强，即人类的感官由此被延伸。相较于之前的口语、文字、电视、电话等所有媒介品类来说，虚拟现实无疑在再现真实世界的水平和维持原始媒介的时空延伸方面都有了历史性的提高。在此基础上，笔者认为虚拟现实就是进化后的媒介新品类。

不过，保罗·莱文森和麦克卢汉的理论也因技术决定论倾向而受到许多学者的批评。美国学者丹尼尔·杰·切特罗姆提出麦克卢汉只强调技术自然主义，认为传播媒介自己进化，而忽略了媒介的社会性延伸。① 不考虑媒介技术产生、应用和发展的因素，缺乏历史性和社会性，都是为学者们所诟病之处。但不容置疑的是，莱文森的媒介进化论和麦克卢汉的媒介观都给我们研究媒介提供了独特的视角。接下来，笔者将运用莱文森的媒介进化论与麦克卢汉的媒介观来进一步分析虚拟现实的“再现”和“延伸”。

二、“再现”——进一步接近人性和真实

笔者认为，再现有两层内涵，一是指对人性的模仿，二是指对真实世界的复制。模仿指媒介的传播方式越来越接近人在前技术时代下的自然传播方式，无限接近人性，

---

① WILLIAMS R.Television：technology and cultural form[M].London：Fontana Press，1974：126-130.

即莱文森强调的“人性化趋势”。复制指传播的内容越来越接近真实的世界,精确度越来越高。

(一)接近人性的模仿

莱文森认为,技术发展的趋势是越来越像人,技术在模仿、复制人体的感知模式和认知模式。他在博士论文《人类历程回放》中提出,一切媒介的性能终将越来越人性化,即媒介促进传播,使传播越来越像人类“自然”加工信息的方式,也就是像媒介出现之前人类加工信息的方式。① 这与弗洛伊德在解释人类技术发展动力时的观点颇有相似之处——弗洛伊德认为信息传播的速度就是在模仿人类思考的速度,电子技术和光化学都是在试图“扮演”人类的记忆和猜想,试图让人类可在任何时间、任何地点与任何人联系。② 麦克卢汉也提出,正如广播可以冲击视觉、照片可以冲击听觉,每一种新的影响都要改变各种感知的比率。而今天我们追求的是一种“控制心理和社会观点中感知比率的变化或者完全避免这些变化”的手段。③ 人类追求避免原始感官模式发生变化的手段,自然而然技术就需要模仿人性。

在前技术时代,人类通过感官与环境进行最直接的互动,感知比率处于平衡状态,但是人感受到的环境范围仅限于身体所在的周围。文字、电话、广播、电视分别对我们的不同感官进行了延伸,但当我们过度依赖某种感官的时候,也就相对弱化了其他感官在这个过程中的参与,打破了人在体验外部世界时的感官平衡。比如,文字和电视作为视觉媒介,使得我们在做传播活动时过度依赖视觉,而广播和电话又使得我们偏向依赖听觉。互联网作为旧媒介的聚合地,集视、听、思于一体,但是却把人束缚在了电脑桌前。移动互联网以及智能手机的发展进一步解放了人的身体,使得人类可以随时随地通过移动终端进行跨时空的传播。

相较于之前的媒介,移动互联网进一步接近人在前技术时代的传播方式,但是我们依旧主要依赖手指与屏幕的互动来进行传播。而通过虚拟现实技术,我们可以全身心沉浸在计算机建构的三维环境中。虚拟现实技术的发展使人机界面从以视觉感知为主发展到包括听觉、触觉、力觉、嗅觉和动觉等多种感官通道的界面,从以手动输入为主发展到包括语音、手势、姿势和视线等多种效应通道输入的界面。④ 我们在虚拟

---

① 莱文森.软利器[M].何道宽,译.上海:复旦大学出版社,2011:5.

② 吴丽娟. 媒介延伸论的前世今生——理解麦克卢汉[D]. 南京:南京大学, 2015:17.

③ 麦克卢汉.理解媒介——论人的延伸[M].何道宽,译.南京:译林出版社,2011:85.

④ 张宁, 罗卫华, 刘迎春, 等. 基于虚拟现实技术的轮机英语环境仿真研究[J]. 计算机仿真, 2015, 32(6):213.

现实中自由移动，手、脚、耳、眼等器官全面感知和接收信息，以自然的方式与虚拟环境中的物体进行交互作用、相互影响。由于虚拟现实的交互性，虚拟现实中的人或物可以完全依据行为人的意愿对过程和行为作出直接反应，无限接近前技术时代的传播方式。可以说，虚拟现实全面复制了人的自然感知模式。

（二）接近真实的复制

崔林在《媒介进化：沉默的双螺旋》中提到，在媒介的进化过程中，信息的“保真度”是人类对媒介进行选择的两条标准之一。[①] 当然，崔林所说的“真”仅指“信息传递到另一端时保持原汁原味”，即最大限度地降低信息传递过程中的损耗。相较而言，本文所指的“接近真实世界”内涵更宽泛。照片传递世界的静态形象，无声黑白电影传递世界的黑白动态影像，而有声彩色电影进一步还原有声有色的真实世界，这便是影像媒介在接近真实世界时的进化。在接近真实的复制这方面，互联网并没有太大的进步，它只是将旧媒介聚合在了一起，而虚拟现实则有了飞跃般的进化。

虚拟现实的“现实”，是指在物理意义或者功能实现层次的现实世界中可以达到或者无法达到的环境。而“虚拟”则是指通过计算机仿真系统模拟该环境。[②] 莱文森认为“真实空间是技术产生的源泉和动力”，那么虚拟现实是不是与他所说的“真实空间”相违背呢？笔者认为，所谓的“真实空间”不仅仅指真实存在的空间，也包括人主观感受中“真实存在”的空间，即“世界就是我所感知的东西”。这一点同样可以从电影的进化史中得出：电影中的“真实空间”也并不一定是真实存在的世界，只是主观感受上的“真实”。虚拟现实的建构就是使幻觉变得如同真实再现，这种由虚拟与真实混合构建的智能环境不仅是一种感觉的真实，更是依照人的意愿作出反应的智能化的混杂真实。[③] 虚拟现实让人的双眼观看全息画面，从而给人带来立体景深感，以此骗过人的大脑，让人相信物体真的就在眼前；同时，根据人的活动变换场景，然后将信息回传给眼睛、耳朵、鼻子、皮肤等感官，使人产生身在其中的心理体验。一个完善、终极的虚拟世界，须集人的视、听、触、嗅、味等知觉于一体，并且在人的主观感受中无限接近真实空间。

---

① 崔林. 媒介进化：沉默的双螺旋[J]. 新闻与传播研究，2009(3)：42.

② 龚进. VR 虚拟现实技术的飞跃[J]. 科技尚品，2015(12)：38.

③ 毛毅静. 虚拟现实的视觉文化意涵[J]. 现代远距离教育，2013(1)：10.

三、"延伸"——全面延伸以找回感官平衡

"媒介即延伸"是麦克卢汉的重要观点,如其所言:"一切媒介都是人的延伸……这样的延伸是器官、感官或曰功能的强化和放大。"①弗洛伊德也有相似观点,他认为人类每使用一种工具,运动器官或感觉器官都得到了改进,或者说这些器官功能上的限制都得到了消除。② 而麦克卢汉延伸论的直接理论来源是德国哲学家恩斯特·卡普的器官投影论。早在 1877 年,恩斯特就提出技术的本原是建立在人体器官的基础之上的,类似于人体器官的一种投影,即工具是人体器官在现实世界中的一种影子存在。③ 麦克卢汉在《理解媒介》第 1 版的序中提到,机械时代,我们完成了身体的空间延伸;电子时代,我们完成的是中枢神经系统的延伸。④ 新媒介(或曰新技术)在我们对事物的概念中引进一种新的物理尺度,而物理尺度势必影响心理尺度。交通工具的发展是一个很好的例子。交通工具的速度不断加快,在物理尺度上,我们去另一个地方的时间不断缩短,于是在心理尺度上,我们就会觉得世界变小了。当延伸强化人的功能时,也不可避免地改变了人把握事物的尺度。

崔林在其文《媒介进化:沉默的双螺旋》中提出,传播的"自由度"——跨越时空的能力,是媒介选择的两条标准之一。笔者认为,麦氏的延伸概念与跨越时空这个概念有些许相似。比如火车和飞机,都加快了运输的速度,扩展了人们的位移功能。再如服装和住宅,二者都延伸了人体的温度控制机制,是肌肤的延伸。照片扩展了我们的所见范围,所以是眼睛的延伸;广播扩展了我们的所听范围,所以主要是耳朵的延伸;电话可以让我们与朋友进行远程语音交流,所以是嘴和耳朵的共同延伸;声画兼备的电视是耳朵和眼睛的共同延伸。计算机则是在人的身体之外延伸出的中枢神经系统,因为它能够代替人类思考、计算和记忆。前文已经提到,终极、完整的虚拟现实集人的视、听、触、嗅、味等知觉于一体,经由虚拟现实这种媒介,我们可以全身心投入任何真实或虚拟的逼真的模拟环境中,能瞬间到达存在于世界上或想象中的任何角落,可以打开所有感官,身处其中般地感受这个世界。虚拟现实扩展了我们的所见、所听、所闻、所触,所以它延伸的感官包括眼、耳、鼻、舌以及四肢,是人体所有感官的全面延伸。

一种媒介在突出延伸某种感官的时候,不可避免地会弱化其他感官在这个过程中

---

① 林文刚. 媒介环境学思想沿革与多维视野[M]. 何道宽,译.北京:北京大学出版社, 2007:30-31.

② 霍尔.无声的语言[M].刘建荣,译.上海:上海人民出版社,1991:63.

③ 吴丽娟. 媒介延伸论的前世今生——理解麦克卢汉[D]. 南京:南京大学, 2015:17.

④ 麦克卢汉.理解媒介——论人的延伸[M].何道宽,译.南京:译林出版社,2011:4.

的参与，改变人在体验外部世界时的感官平衡。例如在听广播的时候，我们主要依靠耳朵，因此广播所突出延伸的是人的听觉，眼睛就没有发挥自身的作用。作为视觉延伸的拼音字母，则削弱了其他官能如触觉、声觉和味觉的作用。而全感官参与的虚拟现实并没有像广播或者印刷术那样突出地将某一种感官凌驾于其他感官之上，它对人的延伸非常贴合人的自然行为方式，从这个角度来看，它对人的延伸将有利于我们平衡使用所有感官。

余论：延伸还是截除？虚拟还是现实？

如前所述，作为媒介，虚拟现实的“进化”主要显现于再现和延伸的两个维度。麦克卢汉和保罗·莱文森都是技术乐观主义者，从他们的角度出发，虚拟现实无疑将有利于人类的进步。但是，人对未知总是充满恐惧。虚拟现实技术在给我们带来更加逼真的空间体验和更加人性化的感官体验的同时，也带来了诸多留待探讨的问题。

麦克卢汉认为电子媒介的出现使人重归部落化，并提出以“部落化—脱离部落化—重新部落化”来对应媒介发展史上的“口语时代—印刷时代—电子时代”这三次变革。① 与此对应，人的感官模式也可以分为“感官平衡—感官失衡—重回感官平衡”这三个阶段。但自然条件下的感官平衡与人工模拟环境中的感官平衡真的一样吗？这个问题值得深思。虽然被不少学者称为技术乐观主义者，但麦克卢汉不止一次地表达了对新技术的担忧：“因为我们以新发明的形式抛出的人体的延伸，是抗衡或抵消集体压力和刺激的努力。然而，抗刺激手段常常被证明是比初始的刺激更大的灾害，像吸毒一样的灾害。因为适应一套强度的功能安排，在另一种强度中会变得难以忍受。一种用于缓解身体压力的人体的技术延伸，可能会产生更为严重的心理压力。”②虚拟现实是我们为抗衡或抵消集体压力和刺激而做出的努力，也是缓解身体压力的人体的技术延伸，但它是否会如麦克卢汉所预言的那样，带来更大的灾害、造成更为严重的心理压力呢？况且，麦克卢汉也表明感官得到延伸也就意味着这部分感官的“麻木”“截除”和“弃用”。正如他提到的：衣服是皮肤的延伸，衣服被发明之后，我们皮肤的抗冷功能就弱化了很多。③ 进入虚拟现实场景后，身体的直接知觉被设备和环境的人工参与完全屏蔽；④当虚拟现实全面延伸人体感官功能时，是否也意味着我们面临着这些

① 朱婷. 媒介环境学视角下互联网传播的偏向及影响研究[D]. 东北师范大学，2012：20.

② 麦克卢汉.理解媒介——论人的延伸[M].何道宽，译.南京：译林出版社，2011：87.

③ 林文刚. 媒介环境学思想沿革与多维视野[M]. 何道宽，译.北京：北京大学出版社，2007：30-31.

④ 毛毅静. 虚拟现实的视觉文化意涵[J]. 现代远距离教育，2013(1)：10.

感官被全面截除的潜在危险呢?

另外,虚拟现实为人们建造了一个虚拟世界,它是可以让人们生活于其中的又一个"真实空间"。媒介的延伸功能使得无边无际的世界变成人人皆可互通有无的小小"地球村",而如今的数字化时代却又在真实的世界之外延伸出一个更加无限的世界空间。[①] 当我们可以舒适方便地生活在虚拟现实延伸出的空间中时,真实世界存在的意义何在?虚拟和现实是否会陷入混乱?麦克卢汉认为人类在电子世界中是处于麻木状态的,虚拟现实会不会进一步强化这种麻木状态呢?正如其在《理解媒介》一书中所说,"任何媒介都有力量将其假设强加在没有警觉的人的身上"。

不过,麦克卢汉也如先知一般提出了解决办法:遇见和控制媒介的能力的实质是避免潜在的自恋昏迷状态。为达到此目的,最有效的办法是懂得以下事实——"媒介的魔力在人们接触媒介的瞬间就会产生,正如旋律的魔力在旋律的头几节就会释放出来一样。"[②]所以,我们在利用虚拟现实获得更加舒适方便的生活时,也应研究探讨它对人的麻木机制,提高警惕,时刻清醒地与之保持距离。

〔贺洪花,湖南大学新闻传播与影视艺术学院硕士研究生;黄学建,湖南大学新闻传播与影视艺术学院副教授,博士〕

---

① 郝雨,安鑫.再论"媒介的延伸"与"媒介功能的延伸"[J].当代传播,2009(2):17-21.

② 麦克卢汉.理解媒介——论人的延伸[M].何道宽,译.南京:译林出版社,2011:26.

传媒教育

本体化与全球化：中国新闻传播国际教育尝试

Localization and Globalization: A Case Study of China's MJC Education for Foreign Students

◎周 逵 颜冰璇 吴 笛

Zhou Kui Yan Bingxuan Wu Di

摘要：在全球化发展的大背景下，国际教育的重要性日益提升，已经成为横跨经济、外交、教育、就业等多领域的重要国家战略，培养国外留学生学习国际传播业务开始被作为一项国家援外项目实施。中国传媒大学新闻传播学部自2012年起正式开设国际新闻与传播硕士研究生班（Master of International Journalism and Communication），旨在培养具有全球视野、战略思维的新闻传播学国际人才。截至2016年，该项目已经招收研究生88人，生源遍布五大洲51个国家和地区，具有跨文化、多语种、跨学科专业背景的特点。本文将从全球化的视角和历史发展的角度，分别探析发达国家与发展中国家的国际教育政策与尝试，并梳理分析中国国际教育的历史沿革与现状。

在此理论基础上，本文从中国传媒大学硕士国际班的招生、管理、教学机制出发，总结当下在中国开展新闻传播国际教育的本土化教学经验，并为国际学生在跨文化学习中所遇到的文化冲击、语言障碍等问题提出相应的解决方法。

关键词：新闻传播教育，全球化，本土化

Abstract: In the context of globalization, international education is now playing an increasingly crucial and strategic role in areas ranging from economy, diplomacy, education to employment. Hence, educational program of international journalism study for foreign students has been conducted as a national project. In 2012, the Faculty of Journalism and Communication, Communication University of China launched the program called "Master of International Journalism and Communication" for foreign students, aiming to cultivate international talents in journalism and communication with global vision and strategic thinking. By the year of 2016, the program has enrolled 88 graduate students from 51 different countries, featuring with cross-cultural and multi-language communication, and interdisciplinary background.

On the basis of the development and current situation of both domestic and foreign international education, this paper tries to analyze the teaching and managing method of the Master's program for International Journalism and Communication in Communication University of China, while drawing experience and raising solutions to foreign students'problems like cultural shock, language barriers and so on.

Keywords: MJC education, globalization, localization

一、研究缘起

(一)研究背景

在经济全球化的大背景下,高等教育国际化成为现代教育发展的一个重要特征:国际教育合作不断加强,成为很多国家在建设和发展高等教育体系时非常重要的一个方面。在欧美、亚太等地区的发达国家和新兴发展中国家,国际教育已超越了教育本身而成为开展多边外交、扩大文化影响、提高经济竞争力、促进国际劳动力市场就业、保障国家安全乃至维系"世界领导地位"的重要国家战略。① 2010 年 10 月,教育部出台的《留学中国计划》提出:"到 2020 年,外国留学人员达到 50 万人次,其中接受高等学历教育的留学生达到 15 万人。根据国家战略和发展需要逐步增加中国政府奖学金名额,来华留学人员生源国别和层次类别更加均衡合理。"而与此同时,媒介化社会的日新月异使得新闻传播成为当下发展变化最快的学科之一,因此自进入社会转型期以来,随着对外交流的扩大和国力的日益强盛,培养国外留学生学习国际传播业务开始被作为一项国家援外项目实施。②

2012 年,中国传媒大学新闻传播学部正式开设国际新闻与传播硕士研究生班(Master of International Journalism and Communication)。该项目包含 12 门全英文授课的课程,已招收的学生来自澳大利亚、挪威、巴基斯坦、哥斯达黎加、刚果、加纳、美国、立陶宛、英国、塞拉利昂、蒙古、泰国、佛得角、喀麦隆、厄立特里亚、坦桑尼亚、柬埔寨、波兰、厄瓜多尔、印度尼西亚等二十多个国家,有跨文化、多语种、跨学科专业背景

① 马毅飞.中美国际教育政策研究——基于比较视角的理论与实例分析[D].上海:华东师范大学,2014.

② 雷跃捷.社会转型时期我国新闻传播教育的成就和问题[J].现代传播,2013(3):135-138.

的特点。该项目的设立与发展契合了全球化大背景下中国新闻传播国际教育的要求，同时也在本土化尝试中培养了具有全球视野、战略思维的新闻传播学国际人才。

(二)研究问题

“国际教育”经过多年的发展沿革，在不同视角下、不同学科领域中拥有不同的内涵和意义。在全球化背景下，“国际教育”作为一项保持国际领导力、经济竞争力的国家发展策略，所占据的位置越来越重要。本文从全球化的视角出发，比较、探析发达国家与发展中国家的国际教育政策与尝试，试图厘清国际教育与国家软实力之间的关系，并从历史发展的角度追溯海外留学生在中国学习的历史，梳理分析中国国际教育的历史沿革与现状。

本文重点关注新闻传播教育领域，主要分析中国传媒大学新闻传播学部国际新闻传播硕士国际班的招生、管理、教学机制，总结当下新闻传播国际教育的本体化教学经验，为国际学生在跨文化学习中遇到的文化冲击、语言障碍等问题提出相应的解决方法。

(三)研究方法

1. 案例研究法

本文选择了中国新闻传播教育界实力强、资历深的中国传媒大学作为分析对象，以其国际新闻传播硕士国际班为典型案例进行定性研究，对其发展与现状做系统的分析解读，以其典型的招生、管理、教学机制为素材，为本土化与全球化的中国新闻传播国际教育提供范本。

2. 文献法

文献法主要指搜集、鉴别、整理文献，并通过对文献的研究形成对事实的科学认识的方法。在“国际教育”“新闻传播教育”“外国留学生”等关键词下，笔者对搜集到的专著、期刊论文进行了研读、归类分析和对比研究，总结出了“国际教育”的定义，并回溯了发达国家针对留学生的政策和经验，从三个方面进行了分析与讨论。在对具体事件和案例的回顾中，也借助当事人叙述、报纸评论、互联网信息等一手资料进行了分析。

二、文献讨论

(一)国际教育与国家软实力的关系

“国际教育”(international education)这一术语最早由美国国际教育协会(Institute of International Education)在1919年提出和使用。[①] 随着时代的发展,不同的学者从各种视角对其做出了不同的界定。许多研究也随之提出了国际教育与跨文化交流之间密不可分的关系,以及其对国际关系与政治的深远影响。多伦多大学安大略教育研究所国际与发展教育中心的简·奈特(Jane Knight)教授在2004年发表于《国际教育研究》的一篇题为《国际化再造:定义、方法和原理》(*Internationalization Remodeled:Definition,Approaches,and Rationales*)的论文中指出:“由于世界政治经济环境的变化,全球的高等教育不断地发生变化,高等教育在全球政治经济环境中所扮演的角色也在不断发生变化。在这种变化之下,应该重新审视教育国际化的框架,重新定义教育国际化。”[②]简·奈特和范·德·威特认为,高等教育国际化是指“将国际维度整合到高等学校的教学、科研和社会服务等使命和功能之中的过程。不仅包括课程、学者和学生的国际交流,高校与社区的各种合作计划、培训及广泛的管理服务,还应包括明确的认同、积极的态度、全球的意识、超越本土的发展方向,并需内化为学校的精神气质”[③]。外国学者的思想与发达国家在国际教育上做出的努力相契合,早在后工业时代,美、英等国家就通过促进国际教育合作开辟了发展中国家市场,从而提升了国家软实力。

国家软实力是一个国家的制度、知识、思想、文化等影响力的综合,教育则在其中起着基础性、普遍性和关键性的作用。[④] 对于国际教育与软实力两者间的关系,约瑟夫·奈进行了最早的阐述。他在《软实力和高等教育》中认为,国家开展国际教育交流是让参与者接受自己的规范、理念和程序的重要方式,这个过程有助于构建国家软实力,“美国每年接受50多万国际学生,他们回国后将把美国的价值观念传递给本国的权力精英,从而影响美国与世界其他国家的外交关系”。

---

① HANSEN H M.Defining international education [J]. New directions for higher education,2002(117):5-12.

② KNIGHTJ. Internationalization remodeled: definition, approaches, and rationales[J]. Journal of studies in international education,2004,8(1):5-31.

③ De WIT H. Internationalization of higher education in the United States of America and Europe:a historical, comparative,and conceptual analysis[M]. Westport,CT:Greenwood Press,2002: 117.

④ 韩震.教育交流与国家软实力的提升[J].教育研究,2008(11):51-56.

而在国内研究中，顾明远在《比较教育导论：教育与国家发展》一书中提出："国际教育关系是国家外交政策的一个重要方面。它对留学生的流动方向、学者交流、教育援助、外语教育、教科书的编写以及文凭的等值与相互承认等问题都有直接的影响。"由此可见，国际教育远不止是一种学术活动，它"不仅涉及资本的流动，还涉及人员的流动；不仅涉及物质实体的交流，还涉及思想、文化、价值和观念的互动"①。因此，国际教育交流兼具学术性和政治性。国际教育和国家软实力是相互影响、相互作用的：国际教育的发展能够彰显国家软实力的增强，同时，国家软实力的提高能够为国际教育提供保障。国家综合国力的提高不仅仅体现在经济和军事实力方面，同时也取决于我们的文化、制度和价值观所代表的软实力是否得到了进一步的提升。

(二)美、日、韩针对留学生教育的政策和经验

发达国家对于国际教育的推进早于发展中国家，因为经济、生活条件、工作环境等因素，早期的中国海外留学生数量也多于到中国来留学的海外学生数量。本节挑选了中国留学生密度较大的美国，以及与中国同在亚洲的留学热门国家日本、韩国进行分析比较。

美国作为最大的留学生输入国，把国际教育看作"全球竞争的基石之一"。2012年11月，美国联邦教育部颁布了为期五年(2012—2016)的国际教育政策文本——《美国教育部2012－2016国际战略》(*U.S. Department of Education International Strategy* 2012－2016)，这也是美国历史上第一个国际教育战略。该战略以"通过国际教育与合作在全球层面上取得成功"为题，系统阐释了美国国际教育的价值取向、目标体系和推进策略；将国际教育上升至国家战略层面，标志着美国国际教育步入了一个新的历史阶段。② 该战略以"强化美国教育"和"推进美国的国际优先事务"为战略目标，通过国际教育事务增进全球素养、学习其他国家并开展教育外交。上层建筑的构建使得美国高等教育的国际化一直保持高水平。

近些年，日本的留学生数量也在飞速增长。由于同属于亚洲非移民国家，相对于其他欧美国家，日本的留学生管理体制对我国有着很好的启示。1986年，日本出台"十万留学生计划"，把招收外国留学生政策列入重要国策之一。政策收获良好效果，实施不到20年，日本留学生人数就超过了10万。如今，日本留学生管理体系结构完备，建立了日本文部科学省、日本学生支援机构、高等教育机构三方一体的结构体系。

① 邝艳湘，陈阳，乌云波.国际教育交流是重要的软实力资源[J].公共外交季刊(夏季号)，2015.

② 马毅飞.中美国际教育政策研究——基于比较视角的理论与实例分析[D].上海：华东师范大学，2014.

以文部科学省为中心的中央政府部门为管理留学生制定相应的政策，由日本学生支援机构(JASSO)对全国的外国留学生进行综合管理，民间团体和法人机构为其提供支持，再由各高等教育机构对各自在校的外国留学生进行具体管理。① 这种政府、社会、高校三方一体的留学生管理体系值得借鉴。除此之外，系统的招生宣传、规范的教学管理、优质的后勤服务和完善的学生资助，也让日本的外国留学生在数量和质量上都有了提升。

韩国外国留学生教育事业起步较晚，高等教育的发展曾一度面临“内忧外患”。在这种局面下，韩国政府先后实施了“21 世纪头脑韩国计划一期(1999—2006 年)”“21 世纪头脑韩国计划二期(2007—2013 年)”“世界高水平研究中心大学建设计划”等政策措施。2004 年，“留学韩国计划”被选定为重点实施政策课题，旨在提高高等院校的国际竞争力，扭转留学教育赤字的局面。为提升自身对留学生的吸引力，韩国高校提高了外国教职员工比例和英语授课比例，提升了国际化办学水平，从而使韩国高校在国际高等教育中的影响力得到加强。首尔大学、韩国科学技术院等院校在国际大学排行榜上的名次上升；世界知名学术刊物上，韩国高校师生的论文刊登与被引用频次也明显增多。② 韩国从教育质量入手，辅以政府奖学金、留学生资助等政策支持的方式，也是值得中国借鉴的。

(三)海外留学生在中国的历史回顾

中国与其他国家开展教育交流活动的历史可以追溯到一千多年前的隋唐时期。长安作为唐朝的都城，教育事业极为发达，吸引了大量来自日本、安南、新罗、百济等国的留学生和僧侣，学习中国的文学、哲学、社会制度乃至生活习俗。中国常作为输出国参加国家间的教育交流，但当时国际交流大部分都以宣扬国威、加强往来为主要目的。而自明清时期实行“闭关锁国”开始，直到清末时期中国签订多项不平等条约以及之后的一段时间内，中国国际教育的交流主要以输出为主。

改革开放初期，我国的国际教育政策出现了大变化：开始招收自费来中国留学的学生，接受发达国家的学生、学者来中国留学。在我国不断放开出国留学政策的同时，我国的高等教育机构也不断开放，吸引了越来越多的留学生来中国学习。据统计，1982 年全国高等学校的外国留学生总数为 4 500 多人，到 1992 年，总数达到 1.4 万

---

① 刘丹.日本国留学生管理特点及其经验借鉴[D].长沙：湖南师范大学，2012.

② 韩国教育科学技术部.留学韩国 2020 计划[EB/OL].[2017-01-12].http://moe.gp.kr./n2/2016/0106/c1054—2798765.html.

人。1985 年国务院转发的国家教委、外交部、文化部、公安部和财政部联合发布的关于《外国留学生管理办法》的通知明确规定，接受和培养外国留学生，是我国对外交往中一项具有战略意义的工作，要求国家的有关部门密切配合，做好外国留学生教育工作，提高我国接受外国留学生的能力。1978 年，教育部批准了北京语言学院接待法国一所设有中文课程的高等学校自费来中国短期学习汉语的法国学生，这是我国自费留学教育发展的起点。

2001 年，中国正式成为世界贸易组织成员国，标志着我国对外开放进入到一个新阶段，这一年，来中国的留学生人数首次与出国留学生人数持平。在全球化的浪潮中，中国教育也逐渐融入全球。为培养适应经济全球化形势的各类专门人才，我国的课程国际化进入了实施阶段。除了继续突出一些具有国际特征与国际性倾向的学科专业，如“国际贸易”“国际金融”等，课程国际化主要表现在双语课程的设置与开发、师资队伍建设和学生外语能力训练等方面。①

2009 年 11 月，美国总统奥巴马宣布实施“十万人留学中国计划”，旨在未来四年内把去中国学习的美国留学生人数累计增加到 10 万人。该计划于 2010 年 5 月正式启动，大大激发了美国学生来中国留学的热情，刺激了中国的留学市场。同年 5 月，我国国务院审议并通过了《国家中长期教育改革和发展规划纲要(2010—2020)》。这是进入 21 世纪以来我国制定的第一个国家级教育规划，是未来十年教育改革和发展的纲领性文件。2012 年 6 月 14 日我国发布《国家教育事业发展第十二个五年规划》，提出在规划实施期间将我国“初步建成亚洲最大的留学目的地国和有影响的国际教育、培训中心”②。

近年来，中国的高等教育国际化基本实现了留学生的双向流动，师资队伍、课程愈加国际化，并且在中外合作办学、海外办学方面成绩斐然。对于留学中国的前景，许多学者认为，中国将实现从生源输出大国向留学日的地大国的转变。《国家中长期教育改革和发展规划纲要(2010—2020)》已经对此做出了政策规划，要求“扩大政府间学历学位互认。支持中外大学间的教师互派、学生互换、学分互认和学位互授联授。加强与国外高水平大学合作，建立教科研合作平台，联合推进高水平基础研究和高技术研究”③。日后，在国际教育战略“走出去”与“请进来”的双轮驱动之下，包括中外合作办学、联合培养、协同创新等深层次的国际教育交流与合作方式也有望进一步发展。

① 胡建华.中国大学课程国际化发展分析[J].中国高教研究，2007(9)：69-71.

②③ 国家中长期教育改革和发展规划纲要(2010—2020 年)[EB/OL](2010-07-29)[2016-09-20].http://www.gov.cn/jrzg/2010－07/29/content－1667143.htm.

三、案例研究:中国传媒大学国际新闻传播硕士项目

国际新闻与传播硕士课程旨在培养具有全球视野、战略思维的新闻传播学国际人才。课程包括人文背景教育、新闻传播学理论教育,以及新闻采访、写作、编辑、拍摄和报道等实际能力培养,使得学生能够掌握在全新的国际政治、经济、文化背景与传媒技术背景下从事国际新闻传播工作的能力。

国际新闻与传播硕士研究生班自 2012 年开设以来,至今已走过四个年头,并在 2016 年 9 月迎来了第五批来自世界各国的学生。每一届国际学生的人数呈稳步上升的趋势,2016 级研究生班人数达到了 25 人。此外,生源国也更加多元化:除了前几届的传统国家,还增添了葡萄牙、法国、罗马尼亚、乌克兰、柬埔寨等新的生源地,进一步体现了该项目逐步提升的影响力和口碑。

国际新闻与传播硕士项目经过四年的运行,不断吸取经验,努力创新,在国内高校的留学项目中脱颖而出。在新一轮教育部学科评估中,来自该项目的学生 Nabila 入选了中国传媒大学 2001 年 1 月 1 日至 2015 年 12 月 31 日毕业的优秀研究生二十人代表。该项目已经成为学术界留学项目的旗帜性、示范性项目,被越来越多的人所了解。

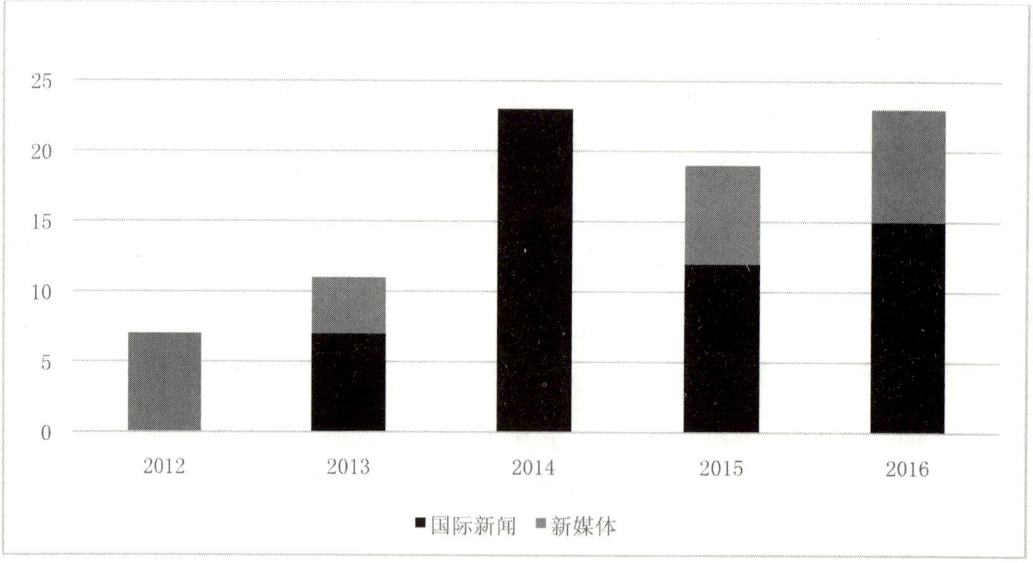

图 1　2012—2016 年国际新闻与传播硕士研究生班招生人数统计

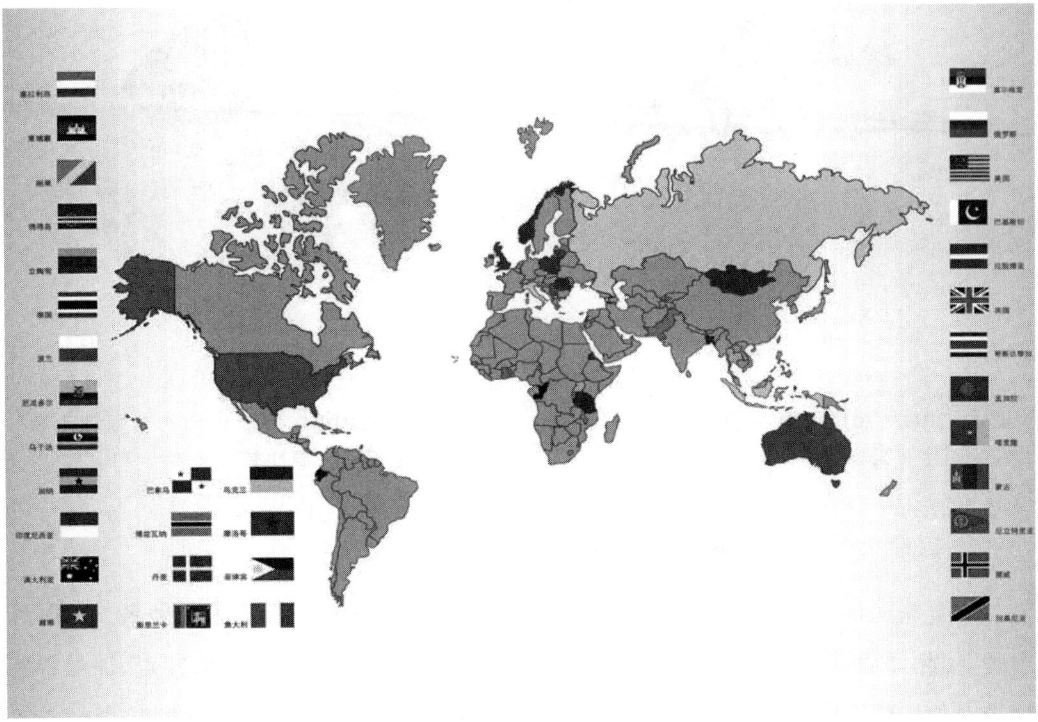

图 2　国际新闻与传播硕士研究生班学生来源分布图

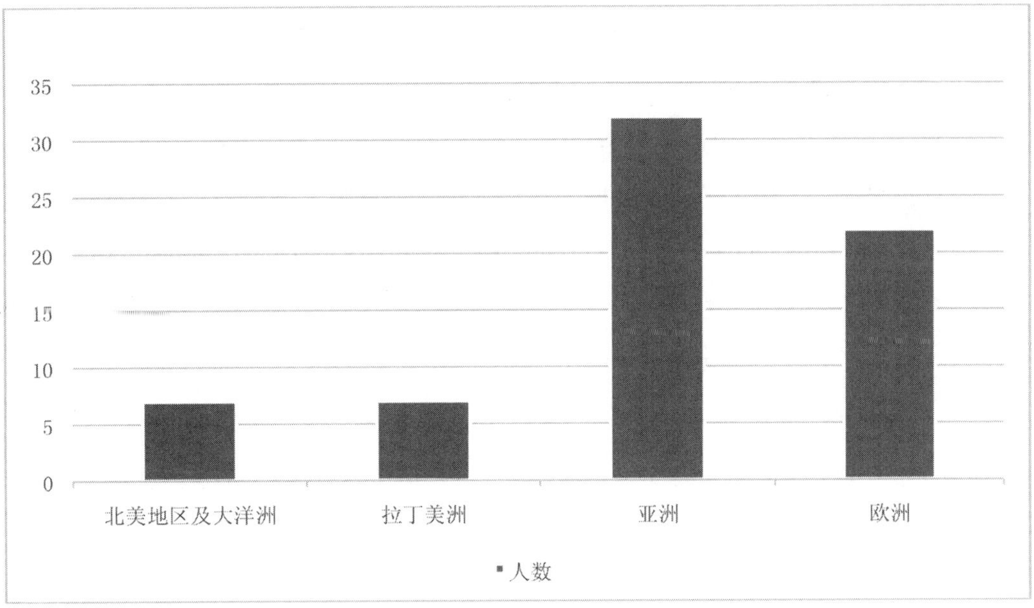

图 3　2012—2016 年国际新闻与传播硕士研究生班生源地统计

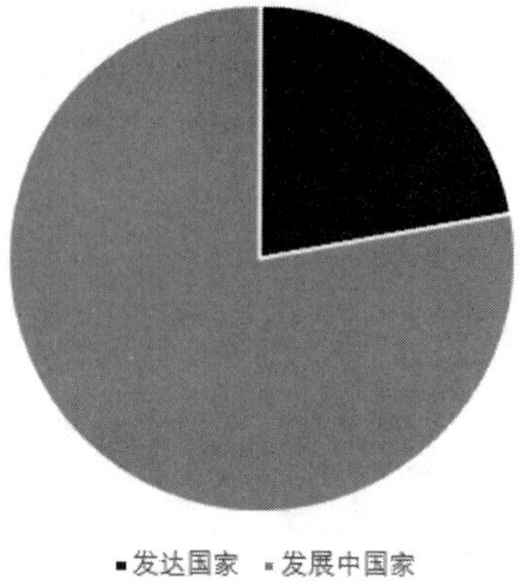

图 4 2012—2016 年国际新闻与传播硕士研究生班生源国家类型划分

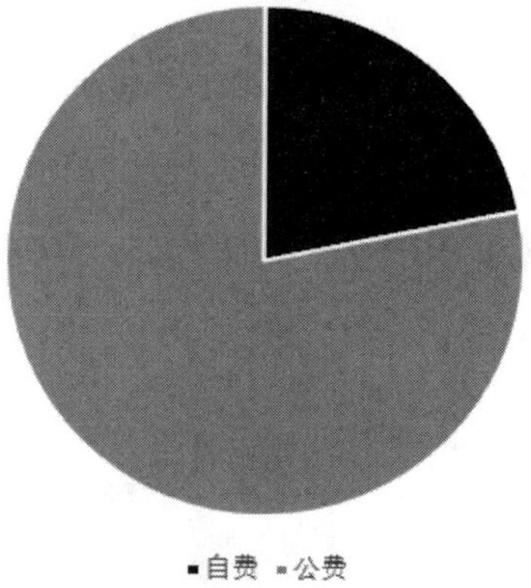

图 5 2012—2016 年国际新闻与传播硕士研究生班学生经费来源比较

1. 国际化教学团队搭建课程体系

负责该项目的教师都具有国际化学术背景,同时该项目还引进了国际名校的海外名师,优化课程结构,进一步提升教学的国际化水平。根据国际学生的特点,课程特别注重对他们的国际新闻传播理论和实务能力的培养。中国传媒大学新闻传播学部长期以来奉行教师国际化的策略,将大量年轻老师送到海外深造,同时也从海内外名校引进具有国际学术背景和教育经验的年轻教师,不断充实学校的教学团队。目前在各学院的青年教师当中,具有海外教育背景和访学经验的占据多数。师资结构的变化是国际化教育尝试的基础,正是因为有了这样一批具有海外视野和全英文授课能力的中青年教师,学校才能成为中国最早搭建起全英文授课硕士课程体系的高校之一。

语言是国际学生在中国学习期间最大的障碍。多数学生在中文上是零基础,这给他们的生活、学习以及学校对项目的管理造成了诸多不便,也是他们脱离学校行政体系的原因之一。针对国际学生的语言障碍问题,该项目专门开设了一门"中文基础课程",作为所有国际学生的必修课。

2."去中心化"的多元文化比较研究

该研究生项目全部采用英文进行教学和管理,但全英文管理可能会造成教材、资料等信息来源和传播上无意识中的偏向。由于该班学生独特的多元性构成,国家和文化背景的差异往往会给课堂讨论带来非常丰富的视角和内容。课程设计了针对不同国家传媒产业发展、传媒文化比较研究(comparative studies)的工作坊。

得益于该项目的多元化特色,课堂教学常采取"去中心化"的国际新闻传播教学路径,在教学案例的选择上,有意识地避免过多地从欧美国家出发,而将目光更平均地投向不同地域、国家的新闻传播实践。这一做法收获了较好的教学效果，也使学生们能从跨文化的视角审视各国媒体国际新闻传播实践的历史和现状。近年来，中国的传媒产业发展迅速，这在很多发展中国家的学生看来，具有更强的现实借鉴意义，因此我们特别在课程当中加强了关于中国本土实践的经验和研究的学习，让学生对中国现阶段传媒业的发展有更深入的了解，同时以传媒产业的发展为窗口，了解中国社会总体发展的阶段性成就与经验。

3. 引入国外高水平教育资源

国际新闻与传播硕士研究生项目还积极利用各种校内外的关联项目和资金支持，为中外学生引进更多的国际高水平教育资源。2014 年，新闻传播学部申请了教育部学校特色项目“跨越巴别塔：海外大师名家短期驻校计划”。本项目取名“跨越巴别塔”，意在表明：与人类的许多国际传播活动和跨文化传播的价值目标一样，该项目旨在通过国际传播能力和素养的培养，消除那些以巴别塔为象征的人类各民族之间的交流理解障碍。该项目将在从 2015 年开始的三年时间中，打造一个国际新闻传播领域名家大师的短期驻校计划，其间，邀请了一批国际一流高校的核心教授、学科带头人或传媒实践领域的有突出成就的业界大师来中国传媒大学，面向教师和学生开设 2—3 周全英文授课的专业课程，并在这期间展开深度合作与交流。项目旨在通过三年内多位国际教授的多次来访交流和授课，推动培养具有全球视野和创新精神并适应国际传播多方面需要的高层次复合型人才。

4. 进一步完善社会实践机制

国际新闻与传播硕士研究生课程既注重理论和研究方法教学，同时也使用典型、新鲜、丰富的案例式教学；既能够把当下的新闻传播实践引介到课程中来，又能够针对国际课程外语教学的特点，使概念性的内容生动活泼起来，激发学生的参与兴趣，充分体现了国际课程的语言特色在教学中的整合式介入。

随着中国主流媒体的国际传播能力建设进程的推进，其对于国际新闻传播人才的需求也不断提高。2013 年 11 月 25 日，中国传媒大学电视学院 2013 级国际硕士班 5 名留学生到新华社参观学习，并在新华社 CNC 英语电视台实习一个月。这是新华社创办 80 多年以来接收的首批外国实习生。此后，本项目与包括新华社、中央电视台、中国国际广播电台在内的主流媒体建立了留学生实习关系，选送留学生中业务能力优秀、对中国了解深入的学生进入这些媒体实习。

参考文献

马毅飞.中美国际教育政策研究——基于比较视角的理论与实例分析[D].上海:华东师范大学,2014.

雷跃捷.社会转型时期我国新闻传播教育的成就和问题[J].现代传播,2013(3):135-138.

HANSEN H M. Defining international education [J]. New Directions for Higher Education, 2002(117):5-12.

KNIGHT J. Internationalization remodeled: definition, approaches and rationales[J]. Journal of Studies in International Education, 2004, 8(1):5-31.

De WIT H. Internationalization of higher education in the United States of America and Europe: a historical, comparative, and conceptual analysis[M]. Westport, CT: Greenwood Press, 2002:117.

韩震.教育交流与国家软实力的提升[J].教育研究,2008(11):51-56.

邝艳湘,陈阳,乌云波.国际教育交流是重要的软实力资源[J].公共外交季刊夏季号,2015.

马毅飞.中美国际教育政策研究——基于比较视角的理论与实例分析[D].上海:华东师范大学,2014.

刘丹.日本国留学生管理特点及其经验借鉴[D].长沙:湖南师范大学,2012.

韩国教育科学技术部.留学韩国2020计划[EB/OL].http://moe.gp.kr.

韦薇.试析韩国留学政策现状及对中国的启示[J].科教导刊,2014.

胡建华.中国大学课程国际化发展分析[J].中国高教研究,2007(9):69-71.

国家中长期教育改革和发展规划纲要(2010—2020年)[EB/OL].(2010-07-29)[2016-08-22]. http://www.gov.cn/jrzg/2010－07/29/content－1667143.htm.

〔周逵,中国传媒大学新闻传播学部副教授,国际新闻传播硕士全英文项目主任;颜冰璇、吴笛均为中国传媒大学新闻传播学部国际新闻传播硕士全英文项目助理〕

理论与实务

跨文化传播视域:中国形象的建构与传播

The Construction and Communication of the Image of China from the Perspective of Intercultural Communication

◎孟 建

Meng Jian

摘要:本文从跨文化传播研究的视角出发,关注中国形象的建构与传播问题。中国形象的建构与传播要迅速摆脱将抗争作为一种表述自我身份的策略的现状,从而加速消解西方话语体系对中国习以为常的刻板偏见。抗争话语是中国在长期发展过程中的必然选择,但是在历经了抗争性的崛起之后,有理由向一个基于主体间性的对等传播阶段过渡。本文着力分析了中华人民共和国成立后不同代际领导人对中国形象问题的论述,就当下"讲好中国故事"这一重要的思想,进行了理论意义和实践路径的学术阐述。

关键词:跨文化传播,中国形象,形象建构与传播

Abstract: This essay focuses on the construction and communication of the image of China from the perspective of intercultural communication research. The construction and communication of the Chinese image should quickly shake off regarding resistance as a strategy of expressing national identity, in order to help to dispel the stereotype bias of the western discourse system towards China. Resistance discourse is an inevitable choice for China in the long process of development, but after the resistance rise, there are reasons to transit to a peer-to-peer communication based on intersubjectivity. This essay analyses Chinese leaders' thoughts of national image, since the People' Republic of China was born, at the same time, expounds the theoretical significance and practical approaches of the new important thought called "telling Chinese stories".

Keywords: intercultural communication, image of China, image construction and communication

一、中国形象:跨文化传播研究中不可忽视的母题

国家形象的跨文化传播是学术界一直较为关注的话题,究其原因主要包括两个层面:一是国家形象本身是一种极为重要的战略资源,塑造良好的国家形象有助于该国在世界话语体系中拥有更为积极、主动的活动空间;二是国家形象这一话题承载了文化地理学、比较文学形象学等多学科的知识脉络,是历久弥新的学术命题。马克思在《关于费尔巴哈的提纲》中提到,“哲学家们只是用不同的方式解释世界,而问题在于改变世界”①。从理论上探讨国家形象的跨文化传播,是将国家形象作为一个问题进行学理性探讨,去解释这一问题所蕴含的理论依据与理论脉络;而从实践的角度探讨国家形象如何进行传播则是最终的目的,有助于我们建构一个客观、公正的国家形象。

中国国家形象一直面临着被塑造、被误读、被歪曲的客观现实问题,以至于在中国历史上的若干时刻,中国的国家形象一直在“人间天堂”和“东方地狱”两种状态中徘徊,造成这种现象的原因大体有三个:第一,世界话语体系尤其是西方世界看待中国的视角由西方现代性自我批判与自我确认的两个维度构成,宗教改革、启蒙运动、地理大发现等标志性的事件,使西方确立了现代优于古代、西方优于东方、自我优于神祇的观念,以此,中国成了西方世界自我发展与自我反思的参照物,中国形象不是客观实在的,而是由自我想象和若干带有偏见的文本构成的;第二,某些境外媒体以意识形态偏见和意识形态谋略为主导,对中国进行的选择性报道刻意放大中国某些负面问题,带来负面国际影响,或者制造一些并不符合中国具体状况的新闻事件以迎合西方世界长期以来一直存在的刻板偏见;第三,中国长期以来缺乏有效的自我表达,在世界话语体系中,中国没有以积极、主动的姿态去表明自己的身份,讲述好自己的故事,传播好自己的声音,塑造好中国形象,以至于印证了马克思的经典表述——“他们不能表述自己,他们只能被别人表述”。

二、中国形象:不同领导代际的认知与发展

1949 年中华人民共和国成立以来,党和国家领导人就格外重视国家形象的跨文化建构与传播,毛泽东、邓小平、江泽民、胡锦涛、习近平等多代领导人均专门就国家形象做过非常详细、深入的论证。例如,毛泽东同志曾强调,“一个不是贫弱的而是富强

① 马克思.关于费尔巴哈的提纲[M]//马克思恩格斯全集:第三卷.北京:人民出版社,1960:6.

的中国，是和一个不是殖民地半殖民地的而是独立的，不是半封建的而是自由的、民主的，不是分裂的而是统一的中国，相联结的”①；邓小平认为，“要维护我们独立自主、不信邪、不怕鬼的形象。我们绝不能示弱。你越怕，越示弱，人家劲头就越大。并不因为你软了，人家就对你好一些，反倒是你软了，人家看不起你”②；江泽民同志在1996年12月12日西安事变六十周年纪念大会上的讲话中强调说，中华民族有着“酷爱自由，追求进步，维护民族尊严和国家主权”的光荣传统和民族品格；③2011年初胡锦涛同志访美期间，中国国家形象宣传片亮相美国纽约时代广场，引起了学术界的高度关注，相比于宣传片所承载的信息和意义，学者们更关注这一行动本身所预示的可能性——中国在跨文化传播中以更为主动、积极的姿态建构国家形象已是大势所趋；2013年11月，习近平同志在全国宣传思想工作会议上发表的重要讲话中指出，“在全面对外开放的条件下做宣传思想工作，一项重要任务是引导人们更加全面客观地认识当代中国、看待外部世界”④。

在上述所摘录的若干领导人的讲话中，可以看出的是：第一，党和国家领导人一直关注和重视中国的国家形象建设，重视国家形象的自我塑造以及有效地进行对外传播；第二，在不同的历史发展阶段，中国国家形象进行跨文化传播的命题、任务、策略与技巧都应该进行变化和调整。在中国已经成为世界第二大经济体的今天，中国的国际影响力空前提高，新一代领导集体正在以更加积极的姿态融入国际话语体系，与世界各个国家、各种文化圈层展开积极的对话，这不仅对于国家形象的理论研究是一个前所未有的契机，对于中国国家形象的跨文化传播实践而言，也是一个鼓舞人心的历史时刻。

中国以积极的姿态进行国家形象的跨文化建构与传播增强了我们的文化自信与道路自信，因为中国正以一个“和平崛起”者的姿态成为世界话语体系中不容忽视的一支力量。但我们也应该看到，中国所面临的国际国内形势仍然极为严峻，尤其是近年来中国经济、社会等各方面的快速发展在世界话语体系中表现极为突出，势必导致一些传统的西方大国产生失落、猜忌甚至是恐慌感，唯恐中国会再现西方世界“强国必霸”的历史。同时，频繁的国际交往、互动、合作使中国获得了更多的与世界话语体系

---

① 毛泽东.毛泽东选集：第3卷[M].北京：人民出版社，1991：1080.

② 邓小平.邓小平文选：第3卷[M].北京：人民出版社，1993：320.

③ 江泽民在西安事变六十周年纪念大会上的讲话[EB/OL].(2001-10-15)[2016-10-18].http://news.xinhuanet.com/china/2001－10/15/content_82776.htm.

④ 习近平.讲好中国故事 传播好中国声音[EB/OL].(2013-08-20)[2016-10-18].http://news.xinhuanet.com/video/2013－08/20/c_125210825.htm.

进行对话的机会，但却并没有从根本上扭转中国国家形象被塑造的状况，尤其是“西强我弱的国际舆论格局仍然没有发生根本改变”①。此外，中国自改革开放以来取得了丰硕的成果，这些宝贵的经验不只是中国独有的财富，它应是多彩世界共同享有的伟大宝藏，中国有理由借助各类机会和平台进行积极的跨文化传播，所以，我们更应该“加大向世界宣传中国”的力度②。最后，中国如何立足现实，向世界表述自己还是一个策略性和技巧性的问题，“桃李不言，下自成蹊”的时代一去不复返，“酒香也怕巷子深”的时代早已悄然来临，中国的故事、中国的精彩、中国的道路、中国的成绩应该积极地向外传播，并且以我们为主导进行传播。因而，习近平同志多次在重要场合强调“讲好中国故事，传播好中国声音”，他指出，“讲中国故事是时代命题，讲好中国故事是时代使命”。

三、中国形象：当下跨文化传播理论与实践的历史性突破

国家形象的跨文化建构与传播包括三个维度：一是对中国身份、中国历史、中国故事进行界定和解读；二是将这些界定和解读转化成国际通用语言(这里的语言是一个广义的范畴，不仅仅指狭义的语言表达)进行合理的表述；三是选择恰当的渠道或者路径对这些表述进行有针对性的跨文化传播。概而言之，国家形象的建构与传播需要处理好两大问题：一是解决与中国身份和本土现实相关的“是什么”“为什么”“怎么样”的问题；二是解决国家形象对外传播过程中应该“如何做”的问题。这一切都要以实现“有效传播”的良好效果为终极目的。

就中国形象跨文化传播的实践而言，传播路径尤为值得关注，因为它涉及国家形象应该如何适应中国实践、国际环境和现今时代需要的问题。在国家形象跨文化传播研究的若干讨论中，关于“怎么做”的探讨较多，而针对“怎么做”的理论依据的探讨较少，并不是一个非常具有操作性的问题就应该撇开对理论建构方面的观照。同样，也不是因为所关注的问题极其宏大，就应该停留在书斋中。正如马克思所强调的那样，“人应该在实践中证明自己思维的真理性，即自己思维的现实性和力量，亦即自己思维的此岸性”③。思维与实践的辩证关系要求我们在做一切工作时都以科学的理论作为指导，同样，任何科学的理论都需要在实践中得到检验。我们对跨文化传播路径的探

① 张昆.从“他塑”为主转向“我塑”为主：改革创新国家形象传播方式[N].人民日报，2016-06-19.

② 中共中央宣传部《党建》杂志社.印象中国——43位外国文化名人谈中国[M].北京：红旗出版社，2012：23.

③ 马克思.关于费尔巴哈的提纲[M]//马克思恩格斯全集：第三卷.北京：人民出版社，1960：4.

讨不应该仅仅停留在一时的想象或幻想中，也不应该仅仅停留在经院哲学的纯粹思辨阶段，为此，我们需要观照不同学科脉络对国家形象跨文化传播路径进行的理论梳理，也要以中国近现代以来若干建构和传播国家形象的尝试作为镜鉴进行深度考察——既要尊重前人在研究过程中所取得的优秀的理论成果，也要注重中国本土长期以来的实践经验，更要注重特定的传播路径与不同的历史时期、国际环境和现实语境之间的勾连。

中国历代领导人就国家形象或中国形象所作的若干论述表明，中国在不同的发展阶段有相应的对自己的表述以及相应的进行跨文化传播的实践策略。在中华人民共和国成立之前，中国在世界话语体系中一直是被忽略的他者，是一个在沉默中时刻被他人表述的对象；中华人民共和国成立后，中国第一次向世界发出了自己的呼声，让世界惊叹于中国自己的选择和自己的道路；改革开放更是让世界发现了一个积极与世界对话的东方大国；中国成为世界第二大经济体后，又让世界看到了中国道路散发出的魅力。在不断转型的过程中，中国一直用自己的方式来建构和传播国家形象，先是以抗争的姿态消解西方老牌的资本主义国家对中国这个话语主体的漠视，进而以对话的方式来重塑中外交往、交流的主体间性。时至今日，我们逐渐从“中国可以说不”的对抗话语转变为“睦邻友好”“积极承担国际责任”“世界大家庭中的一员”的对话话语；并且，我们也正在以更为积极的姿态探讨中国这个基础薄弱但发展势头迅猛的“醒来之狮”如何以开放的姿态向世界贡献自己的文明成果和丰富智慧。

仅以中国改革开放以来对外传播的战略表述为例，在 20 世纪 90 年代，以“和平崛起”作为对外传播的叙述话语，采用“和平”与“崛起”的组合来表明两种含义：第一，中国已经不再是世界话语体系中沉默的他者，而是以极强的主动性和主体性在世界舞台上扮演着举足轻重的力量，此为“崛起”；第二，中国的“崛起”不会像近现代世界史中的一些国家那样导致世界格局和国际秩序的严重失衡，甚至对外输出武力，是为“和平”。在跨文化传播中，这一表述引起了世界主流舆论的高度关注，媒体界、政治界和学术界人士纷纷对这一表述进行阐释和解读。尽管中国强调了“崛起”所带有的“和平”含义，但显而易见的是，在这些以自己的发展史作为参考的解读者眼中，“和平”成了点缀，“崛起”成了亮点，而对外的侵略、征服和殖民变成了对“中国和平崛起”的另类解读。正如库珀·雷默所分析的那样，“‘崛’字中像字母 P 的那个部分，实际上是汉语里面用来指称死人身体的一个字——尸”，因而，“中国的崛起会将世界旧秩序之‘尸’弃之不理。太平洋两岸的个别新保守主义者不得不想办法判断中国有可能认为哪个国家会被埋葬,哪个国家将会成为掘墓人"①。

针对西方学者的这种分析或者认识,我们的研究认为,中国在进行跨文化传播的过程中理应重视将抗争作为一种表述自我身份的策略,从而帮助消解西方话语体系对中国习以为常的刻板偏见。抗争话语是中国在长期发展过程中的必然选择,是中国以振聋发聩的声音向世界宣告"中华民族站起来了"的有效举措。但是,我们也认为,在历经了抗争性的崛起之后,中国有理由向一个基于主体间性的对等传播阶段过渡,塑造一个和平、友善、文明、民主、幸福的大国形象,并且这种国家形象不是以高高在上的姿态取代西方某些国家,成为世界话语体系的领导力量,更不是以自我东方化和自我边缘化的方式迎合西方某些国家的优越感,而是摆脱了污名化和被塑造局面的大国的形象,一个在世界大家庭中不断为全人类创造智慧成果的家庭成员的形象。尔后,我国对"和平崛起"的对外传播叙述话语进行了反思,代之以"和平发展"的叙述话语,显然,这向符合跨文化传播规律的目标走近了一步,收到了较好的跨文化传播效果。但是,这样的叙述话语仍然存在着跨文化传播的一些问题。

2012 年 11 月 29 日,习近平同志在参观"复兴之路"展览时提出了"中国梦"的构想,我们在跟踪研究中发现,"中国梦"这一表述不仅成为以习近平同志为核心的党中央的执政理念,甚至也成为中国形象跨文化传播实践中极为重要的自我表述方式。在中国形象跨文化传播的过程中,基于跨文化对话、协作与本国文化贡献的"中国梦"正逐渐成为现今中国积极构筑国家形象,向世界讲好中国故事,传播好中国声音的基石。

党的十八大召开后不久,2013 年 12 月 31 日,中共中央政治局就"提高国家文化软实力"问题进行了第十二次集体学习。习近平在主持学习时强调,提高国家文化软实力,要努力提高国际话语权。要加强国际传播能力建设,精心构建对外话语体系,发挥好新兴媒体作用,增强对外话语的创造力、感召力、公信力,讲好中国故事,传播好中国声音,阐释好中国特色。习近平在谈到我国国家形象时特别强调,要注重塑造我国的国家形象,重点展示中国历史底蕴深厚、各民族多元一体、文化多样和谐的文明大国形象,政治清明、经济发展、文化繁荣、社会稳定、人民团结、山河秀美的东方大国形象,坚持和平发展、促进共同发展、维护国际公平正义、为人类作出贡献的负责任大国形象,对外更加开放、更加具有亲和力、充满希望、充满活力的社会主义大国形象。习近平对我国国家形象完整而全面的概括,绝非仅仅是对国家发展的定位,同时,也是符合新闻传播规律,特别是符合跨文化传播规律的独特把握。应当说,"讲好中国故事",从

① 雷默,等.中国形象:外国学者眼里的中国[M].沈晓雷,译.北京:社会科学文献出版社,2008:5.

表面上理解并非一个学术命题，但是，“讲好中国故事”背后所表征的、所蕴含的，却是一个博大的“跨文化传播”重要命题。对此，我们投入足够的关注和研究，是我们研究中国形象塑造与传播所必需的。

〔孟建，复旦大学新闻学院教授，博士生导师，享受国务院特殊津贴。现任国务院新闻办省部级新闻发布评估组组长、中国传播学会副会长、复旦大学国家文化创新研究中心主任〕

东南亚华文传媒业极化现象探析

Study on Polarization of Chinese-language Media Industry in Southeast Asia

◎ 彭伟步

Peng Weibu

摘要：面对新媒体的冲击，在复杂的政治环境下，东南亚华文传媒的生态发生了极大的改变。国家之间、国家内部的华文媒体出现了极化现象。在一些华文教育滞后、融入主流社会程度高的国家，华文媒体将面临历史终结的命运，而在华文教育有所保留甚至得到长足发展的国家，一些华文媒体虽然受到新媒体的冲击，但是却通过积极转型和资本市场的运作，迎来了新的发展机遇，对该国其他的华文媒体造成挤压。极化能够使强者愈强，有利于华文媒体的长远发展，但是由于华文媒体具有政治敏感性，极化也使一些在竞争和转型中胜出的华文媒体有可能成为他国政府控制华人言论的工具。

关键词：东南亚，华文媒体，极化现象

Abstract: In the face of the impact of new media and the complex political environment, the ecology of Southeast Asian Chinese media has undergone tremendous changes. Polarization occurs between Chinese-language media in one country and media from different countries. In some countries, which integrating into the mainstream society with a high degree, while Chinese education there lagging behind, the Chinese media will have to face the fate of the end of history. However, although some Chinese media have been impacted by new media, with the help of the positive transformation, the operation of the capital market, they got new opportunities for development, and finally pressed other Chinese media that in the same country. Polarization can make the strong one stronger which is conducive to the long-term development of the Chinese media. But, as the Chinese media have politically sensitive attributes, the consequences of polarization may make some of the Chinese media which win the competition become a tool for the government to control Chinese speech.

Keywords: Southeast Asia, Chinese-language media, polarization

东南亚由于华人众多，曾经是华文传媒业发展最为繁荣的地区，然而，面对新媒体的冲击以及华文教育行业的衰退，以华文报业为主导的华文传媒业如今面临着衰落甚至历史终结的命运。除了新加坡、马来西亚两国外，在其他东南亚国家，虽然华人社团努力推广、延续华文教育，但是由于数十年华文教育发展停滞，甚至出现衰退，年轻一代高度融入主流社会，加之中国移民受到当地政府的严格政策管制，也不太主动接触华文媒体，这些国家的华文媒体出现极化现象，导致华人不得不面对失去传承中华文化的媒体平台的危机；或者资源日益集中于少数华文媒体手中，对华人社会的多元声音构成威胁。

一、华文传媒业严重衰退

随着新媒体的快速发展，东南亚华文媒体并没有因为新媒体的出现而呈现新的繁荣景象，反而不得不面对受众大幅减少的危险。在新媒体发出强劲挑战的背景下，东南亚华文媒体受众分流严重，原本规模不大、运营困难的华文媒体因此面对更加严重的生存危机。

(一)东南亚的中国移民并没有扩大华文传媒的生存空间

除了新加坡和马来西亚外，东南亚其他国家不是中国移民的主要移居目的国。其中主要的原因是当今中国经济的发展水平高于这些国家，导致这些国家对中国移民缺乏吸引力。从中国驻东南亚各国大使馆披露的消息，学者对 2000 年以来中国移民在东南亚的活动情况的统计等综合信息来看，“东南亚的中国新移民数量主要分布如下：缅甸 100 万—110 万，泰国35 万—40 万，新加坡 35 万—38 万，菲律宾 15 万—20 万，马来西亚 10 万—15 万，越南 10 万—12 万，印度尼西亚 10 万，老挝 10 万，柬埔寨 5 万—10 万”①。这些中国新移民主要是商务人员、中资企业委派的管理与技术人员、劳工人员等。他们只是短期居住在东南亚，缺乏长期居住的意愿。

由于当地政府对移民的政策限制，以及当地较低的生活水平，东南亚各国对中国移民缺乏吸引力，许多中国移民在东南亚从事商业活动，但是却不愿意加入当地国籍，这导致“中国移民的流动性很强”②。2000 年后的中国移民在中国完成文化和教育的社会化，不仅很难融入当地主流社会，而且与老辈华人也存在代际隔阂；同时，这些中

①② 庄国土，陈君.1980 年代以来东南亚的中国新移民[C]//21 世纪出入境(移民)管理研讨会论文集.2008：156.

国移民已经养成使用新媒体特别是微信的习惯,更喜欢使用社交软件与朋友或在中国的家人联系,对使用当地华文媒体缺乏兴趣。“(华文报纸)这几年的销量一直维持在原来的水平,因而揣测新移民的到来并未使华文报纸受益,原因在于新移民获取信息的途径比较广泛,反而觉得华文报纸对他们并不重要,他们获取信息还有另外一个重要途径,那就是便捷的互联网。”①因此,东南亚各国的中国移民虽有所增加,但是却没有帮助华文媒体扩大受众基础。入籍当地的中国移民数量有限,而华文媒体的受众日益老化,年青一代华文教育水平低,甚至普遍没有接受华文教育,又养成使用新媒体的习惯,东南亚各国华文媒体不得不面对市场萎缩的现实。

(二)华文报纸销量普遍下降

在新媒体的冲击下,许多国家的华文报纸都面临销量下降的问题。即使在华文传媒业非常繁荣的马来西亚,华文报纸的销量也都在下滑(见表1)。表1的数据显示,《自由日报》的销量下滑最明显,4年间销量下降将近20%;下降幅度最小的是《星洲日报》,但也下降了10%。《星洲日报》作为马来西亚最大的华文报纸,每日发行量从2012年的407 926份下跌到2015年的366 754份。发行量排第二的《中国报》,在近4年里,从2012年的241 019份下降到2015年的212 068份,下降幅度为12%。

表1　马来西亚主要报纸销量统计图②

	2012年	2013年	2014年	2015年	2012—2015年的增长率(%)
《自由日报》	6 397	6 229	5 707	5 183	−19.0
《光明日报》	87 897	87 324	80 468	73 759	−16.1
《东方日报》	101 760	88 031	85 616	—	−15.9
《中国报》	241 019	243 551	228 743	212 068	−12.0
《星洲日报》	407 926	394 297	377 081	366 754	−10.1

表1数据反映了新媒体对华文报纸已经产生剧烈的冲击。这个下降幅度与中国媒体相比,仍在可接受的范围之内,反映了马来西亚华文教育的系统性以及华人对华文报纸的高度依赖性为华文报纸提供了良好的传媒生态,但是也向公众表明了过去华文报业一枝独秀的历史已经一去不复返了。

---

① 陈建荣.泰国新移民的群体特征——曼谷地区新移民个案研究[J].东南亚研究,2008(8):76.

② 数据来自:Audit Bureau of Malaysia. ABC circulation figure Jan—Jun—2015 newspapers west and east price bands[R/OL].(2015-07-20)[2016-06-20].http://abcm.org.my/reports/latest—audit—reports/.

新加坡华文报纸的销量也呈快速下滑态势。新加坡有三份华文报纸，但三份报纸的销量在 4 年间均下滑 10%左右（见表 2），三份报纸总销量减少了 4 万份。其中，《联合早报》销量减少了 2 万份。这说明主打政经新闻的严肃型大报《联合早报》面临着严重的读者流失情况。

表 2 新加坡华文报纸销量统计图①

	2012 年	2013 年	2014 年	2015 年	2012—2015 的增长率(%)
《联合早报》	168 700	172 500	150 000	148 600	—11.9
《新明日报》	132 600	130 600	129 800	120 200	—9.4
《联合晚报》	90 200	91 000	89 100	82 500	—8.5

由于东南亚其他国家的华文传媒均未上市，也没有向公众公开年度报告，因此无法统计其报纸销量，但是从新加坡和马来西亚华文报纸大幅下滑的趋势来看，其他国家缺乏华文教育支撑的华文报纸将面临比新加坡和马来西亚华文报纸更严重的销量下滑问题。

(三)经营极其困难

在新媒体的影响下，年轻读者都转向新媒体，华文传统媒体受众不断流失，这影响了广告客户的投放意愿，加剧了华文传统媒体的财政收入危机。关于华文教育对泰国华文传媒的推动作用，泰国《新中原报》总编辑何韵给出了消极的回应。她说："与马来西亚的情况不同，泰国华人基本融入了主流社会。从 1990 年开放华文教育以来，21 年过去了，华文教育却培养不出华文报纸的读者来。在这 21 年中，华文报纸的销量几乎没有增加。"②她认为，除了马来西亚和新加坡外，其他国家的华文报纸都处于经营困难的状态，如今受到新媒体的强烈冲击，读者、人才严重流失，广告萎缩，财政收入锐减，但又不愿意结业，只能苦苦维持。在泰国的 6 份华文报纸中，《星暹日报》与《南方都市报》合作，危机有所缓解，其他 5 份报纸均面临读者流失的窘境，只能供老年华人阅读。随着老年读者相继离世，这些报纸的读者不断减少，出现了"一个老华人去世，报纸就少一个读者"的现象。菲律宾《世界日报》总主笔侯培水对此现象也颇有同感。

① Annual report 2012:57,2013:51,2014:57,2015:65[R].Toa Pagoh:Singapore Press Holdings(SPH).

② 何韵.泰国华文媒体与中华文化的传承[EB/OL].(2011-08-25)[2016-06-20].http://www.chinanews.com/kong/2011/08－25/3283303.shtml.

他说:“从各地的情况来看,包括菲律宾在内的东南亚地区的华文媒体都是在艰难经营,苦苦支撑着局面。”①

传播渠道减少,受众流失,华文媒体的办报方式发生重大变化,空间收缩,广告客户和广告投入减少。在财政运行难以为继的情况下,为减少损失,一些华文传统媒体转办电子报,但是由于无法找到盈利模式,也缺乏吸引受众的有效手段,特别在一些华人很少的国家,由于无法实现规模运作,产生规模经济效应,办新媒体又需要不断投入,经济效益方面却不见成效,这些华文传统媒体不仅丢失了原有的舆论引导阵地,而且无法通过转型走出困境,反而加剧了经营困难。

二、华文媒体出现极化现象

除了越南的《解放日报》中文版外,其他国家的华文媒体都高度市场化。在新媒体的冲击下,华文传统媒体的生存与发展受到极大的影响,不仅东南亚各国之间的华文媒体出现极化现象,一个国家内的华文媒体也面临着极化问题。

(一)各国之间华文媒体出现极化现象

东南亚各国华文媒体的发展情况不一。有些国家的华文媒体由于缺乏受众,传播渠道又被新媒体占据,不仅失去大量的财政收入,而且在当地的社会影响力也严重被削弱;而有些国家的华文媒体虽然受到新媒体的冲击,但是由于当地的华文教育体系相对完整,华文媒体只要及时转型,就会渡过难关。瑞典经济学家纲纳·缪达尔认为,“只要进行市场产业化,就会在市场经济的作用下形成极化效应,决定不同产业经济的集中与分散状况”②。华文媒体普遍实行市场化运作,自然会产生极化效应。

就目前而言,马来西亚华文媒体在完整、系统的华文教育的支撑下,虽然受到新媒体的强烈冲击,仍稳定发展。“(马来西亚)90%以上的华人自小接受家庭和华文小学的母语教育,因此华文媒体拥有十分雄厚的受众基础。”③其他国家的华文教育要么出现衰败迹象,要么正在开展相关活动,而接受华文教育的年青一代又养成了使用当地语言在新媒体上进行交流的习惯,高度融入主流社会,甚至被主流社会同化,华文教育即使取得良好成效,也无法帮助华文媒体成为这些年轻华人感兴趣的信息阅听工具。

---

① 侯培水.菲律宾华文媒体的出路何在[EB/OL].(2011-09-16)[2016-06-20].http://www.chinanews.com/kong/2011/09-16/3333267.shtml.

② 张康之,张桐.论世界体系中观察视角的“中心—边缘”概念[J].北京行政学院学报,2014(4):31.

③ 此数据由马来西亚星洲媒体集团执行总编辑萧依钊女士在接受笔者调研访问时提供。

当前，除了马来西亚和新加坡之外，其他国家的华文媒体均面临诸多困难，但各国情况不同，新加坡华文媒体由新加坡淡马锡国家主权基金下属的报业控股公司持有，《解放日报》中文版则是越南共产党机关报附属的中文版(老挝至今没有出版华文报纸)。这两个国家的华文媒体虽然面临受众减少的现实和新媒体的冲击，但是在政府的帮助下仍拥有一定的生存空间。泰国、缅甸、柬埔寨、菲律宾、印度尼西亚、文莱的华文媒体都由私人资本控制，完全依靠从市场获得的财政收入来维持日常运作。受众流失，传播渠道被解构，导致这些国家的华文媒体的营收出现严重困难。

在泰国，虽然华文教育得到一定程度的发展，华语在当地的商业价值也有所提高，但华文媒体的经营管理普遍都处于亏损状态。泰国华人人口超过 600 万，但“华文报纸的总发行量却不足 3 万”[①]，报社面临严重的财政危机。6 家华文报纸除了《世界日报》销量接近 1 万份外，其他报纸平均只有 4 000 份，有的报纸发行量只有1 000—2 000 份，很难形成规模经营。在经营极度困难的压力下，2013 年 3 月，泰国历史悠久的华文报纸《星暹日报》不得已迎来中国的投资者，正式由南方报业集团旗下报纸——颇负盛名的《南方都市报》接管。《星暹日报》于 1950 年创办，在泰国华人社会中享有盛誉，如今却面临经营困境，最终不得不交由中国媒体来运营，反映了泰国华文传媒在多种因素的影响下面临经营困境的事实。印度尼西亚华文传媒历史悠久，二战结束后，新创办和复办的华文报纸有 20 多家，是当时东南亚国家之冠，然而在 1965—1998 年期间，当地政府仅批准一份双语报纸《印度尼西亚日报》出版，其他华文报纸均被取缔，华文教育也被压制，造成绝大多数 50 岁以下的华人都无法接受华文教育。1998 年之后，虽然有一批华文报纸诞生，但是由于经营不佳，要么停刊，要么处于苦苦维持的状态。

美国著名社会学家罗伯特·帕克(Robert Ezra Park)、朱迪斯·布罗(Judith R. Blau)等人针对少数族群传媒的生存曾提出一个著名观点：“少数族群媒体是一种过渡性媒体，帮助少数族群了解主流社会的信息，一旦少数族群接受了主流社会的同化，完成了文化迁移、适应了同化的进程，那么少数族群传媒就会失去存在的意义。”[②]泰国、菲律宾、缅甸等这些曾经有过辉煌的华文媒体历史的国家，由于年轻华人普遍接受当地语言教育，融入主流社会的程度极高，除了血缘外，已经很难分辨

① 2015 年 8 月在贵州贵阳举办的第八届世界华文传媒论坛期间，泰国《新中原报》社长林宏向笔者提起泰国华文报纸总销量。

② JUDITH R. BLAU J R, THOMAS M, NEWHOUSE B, KAVEE A. Ethnic buffer institutions the immigrant press: New York City, 1820—1984[J]. Historical social research, 1998, 23(3): 20—37.

出他们与主流社会的差异,导致华文媒体加速老年化,华文媒体消费群体有限,生存空间狭小,最终走上了逐渐消失的道路。华人不得不面对一些历史悠久的华文媒体走向终结的局面,中华文化也将面临在这些国家失去传播阵地、载体和渠道的危机,情况令人忧虑。

(二)一个国家内的华文媒体呈现极化现象

美国经济学家 A.赫希曼(Albert Otto Hirschman)认为,"在市场化的经济活动中,资源必然向着高收益的方向聚集,导致各种经济要素和经济活动不断趋向增长极,促使产业资源更集中于经济效益高的极点"。[①]在资本市场进行融资并向全媒体方向转型,是传媒实现新一轮壮大的外部推动力量。从今天马来西亚华文传媒业发展的趋势来看,该国是华文媒体出现极化现象最典型的国家。该国有 13 种华文报纸,其中最大的华文传媒集团星洲媒体集团与南洋报业集团均隶属于世界华文媒体集团,《星洲日报》与《中国报》位居马来西亚华文报纸销量的前两名。近三年来,这两份报纸虽然受到新媒体的强烈冲击,但是盈利仍然可观。世界华文媒体集团所发布的年度报告显示(见表 3),这两家华文媒体集团的总收益虽有所下降,但仍然是正数,说明这两家集团的经营效益不错。

表 3 世界华文媒体集团之马来西亚业务收入年度报告[②]

年 度	收益数量(美元)	所得税前溢利数量(美元)
2013.3—2014.3	282 387 000	66 487 000
2014.3—2015.3	249 961 000	48 374 000
2015.3—2016.3	186 387 000	39 619 000

这两份华文报纸利用其母公司——世界华文媒体集团的强大基础和财力、影响力进行转型,加快新媒体布局,挟雄厚财力向全媒体方面发展,将进一步拉大与其他华文报纸的发展差距。可以预见的是,其他报纸由于缺乏向新媒体转型的实力,其市场份额不仅受到新媒体的侵蚀,而且也将被《星洲日报》和《中国报》所抢占,催生马来西亚华文报业强者愈强、弱者愈弱的现象,甚至导致赢者通吃的后果,这将极大地改变华文

① 韦森.入世的政治——经济学家阿尔伯特·赫希曼的思想之旅[J].复旦学报(社会科学版),2015(6):120.

② 数据来自:世界华文媒体集团.世界华文媒体年度报告 13/14[R].香港:世界华文媒体有限公司,2014:18.世界华文媒体年度报告 14/15[R].香港:世界华文媒体有限公司,2015:20.世界华文媒体年度报告 15/16[R].香港:世界华文媒体有限公司,2016:21.

传媒生态。

印度尼西亚华文媒体也存在这种极化现象。《国际日报》运作较有规模，虽然面临经营困难的问题，但是在华人社会较有影响力，财政收入略有盈余，一旦在新媒体领域完成转型，也会在印度尼西亚华文传媒中占领制高地，挤压其他华文报纸的份额，带来极化效应。

三、极化效应及其后果

华文媒体是中华民族政治、经济和文化的综合体，使用华语作为媒介语，具有很强的针对性，因此能够成为华人社会的重要组成部分。在不同的国家中，华文媒体在华人社会所发挥的作用不同。在马来西亚，华人养成了从华文报纸中获得大量全国性的新闻的习惯，华文媒体发挥着继续传承中华文化和强化民族认同的作用。然而，华文媒体的极化现象却改变了自给自足、自成系统的华文传播网络，极大地解构了原有传媒生态，使华文媒体的传播机制面临瓦解的危险。华人读者不仅是华文报纸的信息使用者，也是华文教育的承载者与推动者，但是极化现象的出现却使华人能够接触到的媒体大量减少，多元化文化与思想的传播受到威胁，信息的通路变窄，渠道减少。在种族政治的国家中，由马来人控制的政府不仅不可能给予华文报纸更多的资源，而且还会采取各种方式限制华文报纸的发展，这将导致华文报纸的发展因缺乏资源和平台而受到极大的制约，所有的华人都要为这个极化现象买单。

华文媒体作为一种少数族群传媒，其特殊性在于它致力于维系少数族群的文化与族群认同，是族群文化的继承者与传播者，除了经常报道少数族群的新闻外，还与少数族群的文化教育联系在一起，共同进退。长达200年的华文报刊史，印证了华文报纸与华文教育风雨同舟、相辅相成的事实。华文报纸为了提高华人的华文教育水平，经常出版有针对性的教育专刊，而华文学校也非常乐意引进这些教育专刊作为华文教育的辅助教材。但是如今华文报纸因不断亏损而面临停刊，这将使华文教育界丧失许多辅助教学的刊物与课外读物，无法更好地在华文学校推进中华文化的传承。此外，过去华文报纸也出版了许多文艺副刊，里面刊登了许多优秀的文化作品，对于培养华人的文化认同，提升华人对中华文化的认知水平都作出了贡献，但是这个传承中华文化的渠道与平台也将因为华文报纸的停刊而消失。

然而，迅速扩大的极化却在某种程度上有利于一个国家内的华文媒体的重组，推动形成龙头媒体去拉动其他华文媒体的发展。极化能够使处于极点的华文媒体不断增强自我发展能力,积累有利因素,形成规模经济和集聚经济,产生区位优势,并推动各华文媒体的协作甚至合并,扩大组织规模,节约运营成本,从而大大增强处于极点的华文媒体的竞争力,使华文传媒业的结构趋于合理。通过极化而形成的龙头媒体能够凭借自身强大的资本运作能力、较佳的盈利模式、信息更加集中的传播渠道,不断强化自身在文化传播当中的角色地位与作用。但是通过极化而形成的龙头华文媒体,由于其社会影响力大大增强,是否会成为当地政府关注的对象,甚至被当地政府收编、控制而成为政府的喉舌,失去维护华人权益的功能?此类可能出现的后果使华人非常担心。如果极化的结果只是为政府控制华文媒体,进而控制华人社会创造了机会,那么华人社会将失去文化传承的权利,甚至失去反映华人族群意识的工具,长远来说,不利于华人的文化传承与发展。

四、华文媒体极化的展望

虽然新媒体发展迅猛,华文媒体的生存空间受到挤压,极化的现象越来越严重,但是华文媒体的独特性使其很难被当地主流传媒所取代。只要加快改革创新,坚持文化传播的理念,维护华人权益,积极搭建与中国本土的联系桥梁,整合资源,华文媒体仍然可以在极化现象日益严重的传媒生态中走出一条新路。

2014 年泰国就一度传出除《星暹日报》以外,其余五家华文报纸准备合并的消息,以达到资源共享、增加报纸利润、增强影响力、减少亏损的目的。虽然合并今至仍然未能实现,但是资源整合却是必然趋势。马来西亚的华文媒体在这一方面已经先行一步:星洲媒体集团与南洋报业集团、香港明报集团于 2008 年合并组建世界华文媒体集团;《东方日报》完成了传媒集团的组建,并向新媒体转型,其在脸书(Facebook)的粉丝超过 15 万人;历史最悠久的《光华日报》利用其立足槟城的优势,加强与中国媒体的合作,增加报道中国新闻的版面,加强对旅游业的报道,吸引了大量旅游业广告,改善了财政收入。

华文传媒以薪传华文教育为己任,努力协助华文学校推广华语教学。“从这个意义上说,华文媒体实际上担负起了国内媒体的部分使命,成为国内媒体在海外的延伸。这就为我们提供了一种可能性,即通过华文媒体将中华文化和中国影响扩展到更广大的地方,形成自己的优势。”①华文传媒虽然受到新媒体的冲击,但是长期扎根于海外,熟悉当地的政治、文化,更有能力和意识通过开展多种文化交流活动去传播中华文化,

① 王士谷.世界华文传媒年鉴总论[M].北京:世界华文传媒年鉴社,1993:4.

培养华人对中华文化的认同感，维系中华民族之根。比如，在每年的贺新春联欢活动中，当地华人与华文媒体通力合作，设计了多种文化传播形式，一方面改变华人媒体的“文化孤岛”“文化自我隔离主义”状态，另一方面也有助于文化的自我生成与发展，更重要的是实现华人的团结协作。华文报纸只要坚持文化传播的宗旨，就仍然拥有生存的基础。

在特殊的政治环境和新媒体传播背景下，少数族群传媒的极化现象是一个必然现象。极化现象促使华文传媒在文化传播和维护华人权益的活动中彰显价值与意义，华文传媒在特定时期还能够形成特殊的政治话语语境，只要继续肩负和履行文化使命，华文传媒就仍然具有话语权和生命力。

总　结

华文媒体的极化现象是市场化的结果。传媒既是一个资本运作的产品，也是文化传承的工具。当华文媒体无法在资本市场融资，但又想继续承担文化传承的重任时，就唯有走向公益性，在华人社会发起募捐，然而，华文媒体会因此蜕变为华人社团的刊物，失去社会影响力和舆论引导力，而成为一份怀旧的刊物。从今天东南亚一些国家华文媒体的处境来看，一些华文媒体正在走上这条道路，失去了影响社会的能力。

华文媒体的极化使一些国家的华文媒体从此成为历史，例如泰国、印尼、菲律宾等国；也会推动一些国家的华文传媒发展壮大，步入新一轮快速发展的轨道中，例如马来西亚和新加坡。然而，在马来西亚，由于种族政治的长期存在，极化后的华文媒体能不能继续担负起文化传承和维护华人权益的责任，会不会成为政府控制华人社会的手段、钳制华人的多元声音的工具等问题一直困扰着马来西亚华人社会，是令华人社会一直非常担忧的课题。同时，这些问题也是星洲媒体集团在极化过程中受到当地华人抗议的主要原因。

东南亚是华文传媒业最早出现的地区，在 20 世纪 60 年代前呈现极度繁荣景象，但是经过 200 年的风云变幻，随着当地政治环境的变迁，再加上新媒体的冲击，华文媒体的生存环境大不如前，整个行业面临衰败甚至历史终结的命运。从某个角度来说，这是历史的必然性，但是这样一个传承中华文化、维系文化认同的工具从此消失在世人面前，多少总是令人扼腕。

〔本文是国家社科重点项目“海外中文传媒促进‘一带一路’信息互联互通的机制创新研究”(16AXW007)的阶段性成果〕

〔彭伟步,广州暨南大学新闻与传播学院教授〕

控烟公益广告的健康传播研究:现状、问题与应对

The Current Situation, Existing Problems and Solutions of Health Communication Research on Tobacco Control Advertisements

◎ 甘罗嘉　肖晴文

Gan Luojia　Xiao Qingwen

摘要: 本文以拉斯韦尔的"5W"模式为切入点,以传者、受众、内容和渠道四个维度作为建构类目的标准,对所选取的样本进行定性与定量相结合的分析,以此来考察我国控烟公益广告目前的发展状况和存在的问题,并针对当前存在的问题提出应对措施。经分析发现,控烟公益广告的建构过程缺乏政府的深度参与,烟草企业对控烟缺乏共识;控烟公益广告目标受众细分程度不够,内容针对性不强;控烟公益广告的传播渠道以平面媒体为主,渠道较窄,媒介利用不够多元化,且主题集中,同质化严重。针对存在的这些问题,笔者尝试提出以下建议:政府要强化控烟宣传的议程设置,烟草企业要增强责任意识,控烟公益广告应进一步细分受众,加强与大众传媒的互动,提高广告创意水平,等等,以期达到增强控烟公益广告传播效果的目的。

关键词: 控烟,公益广告,健康传播

Abstract: Introducing the Lasswell's "5W" model into the study, this essay studies the current situation, existing problems and solutions of tobacco control advertisements from the four-dimensional analysis of the communicators, audiences, contents and channels. The study finds that the government being lack of deep involvement in the management of tobacco control advertisements, tobacco companies being short of consensus, the target audience being divided roughly, the communication channels paying too much attention on print media, while ignoring new media and being identical seriously. To solve those problems, the author proposes that the government should strengthen the agenda setting of tobacco control publicity work, tobacco companies should enhance their sense of responsibility, the target audience should be subdivided and the advertisements should be produced more creatively and strengthen interaction with mass media.

Keywords: tobacco control, public service ads, health communication

从 1989 年开始，世界卫生组织(WHO)把每年的 5 月 31 日确定为“世界无烟日”，2015 年的 5 月 31 日是第 28 个世界无烟日。2003 年，世界卫生组织发布了《烟草控制框架公约》，中国是该公约的缔约国之一。2006 年，《烟草控制框架公约》在我国生效，我国开始大力加强控烟工作。我国烟草生产与消费居世界前列，也是受烟草危害最为严重的国家之一。2014 年 12 月国家卫计委新闻发布会数据显示，全国吸烟人数超过 3 亿，15 岁以上的人群吸烟率为 28.1%，7.4 亿非吸烟人群遭受二手烟的危害，每年死于肺癌等吸烟引发的相关疾病的人数达到 136.6 万，约 10 万人死于二手烟“暴露”导致的相关疾病(国家卫计委，2014)。总体而言，我国吸烟人数多，吸烟人群构成复杂，控烟形势十分严峻。

控烟公益广告是控制吸烟的有效手段之一。控烟公益广告，顾名思义，就是通过广告宣传来达到控制吸烟目的的一种传播形式。控烟公益广告种类繁多，以视频广告和平面广告居多。笔者以“控烟公益广告”为关键字在百度搜索引擎中进行搜索，共得到相关视频 287 条，相关图片 17 085 张；经过随机抽选和人工剔除不相关项以及去除重复项，共选取相关图片 100 张和视频 15 条作为分析样本。

控烟公益广告旨在通过传播信息实现对受众戒烟的劝服，可以说，公益广告是一个有目的性的传播行为，为实现劝服的效果，就要对这个传播过程进行分析，美国学者拉斯韦尔提出的“5W”模式可以为传播过程的研究提供很好的视角。“5W”即“who”(谁)、“says what”(说了什么)、“in which channel”(通过什么渠道)、“to whom”(向谁说)以及“with what effect”(有什么效果)。本文将以拉斯韦尔的“5W”模式作为细分类目的依据，对选取的样本进行定性和定量的分析，建构类目并统计汇总如下：

表 1

类目		数量
传者(who)	政府相关部门	39
	烟草企业	2
	来源不明	74
受众(to whom)	青少年	14
	成年女性	8
	成年男性	7
	其他	86

续表

类目		数量
渠道(in which channel)	电视媒体	12
	平面媒体(报纸、户外广告牌等)	100
	新媒体(手机、网络等)	3
内容(says what)	恐惧诉求	74
	情感诉求	19
	其他	22

一、以“5W”模式解读目前我国控烟公益广告的状况与存在的问题

(一)who:政府在控烟公益广告的建构中缺乏深度参与,烟草企业对控烟缺乏共识

在选取的115条控烟公益广告中,政府相关部门制作并传播的有39条,烟草企业参与的有2条,来源不明的占绝大多数,部分原因是目前可以看到的大部分控烟公益广告属于广告创意比赛类的作品,并没有经过大众传播媒介实现大规模的传播,因此其来源很难确定。

中国政府历来十分重视和支持控烟工作,中华人民共和国成立以来,政府的控烟活动最早可以追溯到1979年,国务院批准发出《关于宣传吸烟有害与控制吸烟的通知》;1990年,中国控制吸烟协会成立,至今该组织仍活跃在控烟活动的前线,积极组织国内外交流以及开展控烟宣传活动;2003年,世界卫生组织发布《烟草控制框架公约》,中国是缔约国之一;2006年,《烟草控制框架公约》在我国正式生效,我国开始大力推进控烟工作进程。

在立法方面,《烟草专卖法》《广告法》《未成年人保护法》和《预防未成年人犯罪法》都有控烟、限制烟草广告和禁止青少年吸烟的条款。1979年到2015年,36年过去了,全国吸烟人数已经突破了3亿,中国目前的控烟形势依旧十分严峻,这反映出政府主导控烟工作的一些问题。由于我国特殊的烟草事业体制,烟草的种植、生产、销售均由政府专门机构控制,该机构具有浓郁的行政属性,按照政府的行政指令办事。经济上,烟草行业提供了大量的就业岗位并带来不菲的税收,烟草经济带来的利与烟草对公众健康的弊之间矛盾鲜明,这种矛盾也必然导致政府在政策的制定上产生一些分歧,而这些分歧明显阻滞了控烟的进程。

烟草企业在控烟活动中参与意识不强,且出现控烟强压下的反弹作为。根据《2012 年世界无烟日主题报告》,烟草业不断散布关于烟草有危害的科学证据不足等言论,在烟盒包装上使用"有害健康"一类笼统的、含糊的词语来降低和消解人们对烟草严重危害性的警惕,制造"低焦油""低危害"和"中式卷烟"来误导消费者,维持并增加卷烟销量(中国控制吸烟协会,2012:3)。烟草企业的种种做法体现出经济利益至上的畸形发展观,以及企业社会责任感与社会问题担当意识的缺失,简单地以经济利益来衡量是非对错并不是长远之道,对控烟活动的低参与度和社会责任意识的缺失将不利于烟草业的持续发展。

(二)to whom:控烟公益广告目标受众细分程度不够,投放针对性不强

由表 1 可以看出,针对青少年的控烟广告有 14 条,约占总样本量的 1/8。针对成年女性和成年男性的样本占比分别为 1/14 和 1/16。"其他"类是指没有明确指向的广告类型或是针对大众、吸"二手烟"者和公共场所的广告类型,因为目标受众复杂笼统,故将其列入了"其他"项,该项约占比 7/10,成为最主要的广告受众群体。

根据《2011 年中国控制吸烟报告》,我国吸烟人数为 3.5 亿,居世界各国之首。根据研究推算,目前我国人群中遭受被动吸烟危害的人数高达 5.56 亿,其中 15 岁以下儿童有 1.8 亿(中国疾控中心控烟办公室,2011:12)。随着吸烟人数越来越多,吸烟群体出现了分化,具体表现如下。

1.青少年吸烟人群:我国青少年尝试吸烟率和现在吸烟率逐年上升。吸烟学生以男生为主,集中于大城市;女学生的尝试吸烟率和现在吸烟率均有上升趋势。目前,青少年尝试吸烟率为 32.4%,其中男女分别为 44.1%和 19.9%,男生显著高于女生。男女生均呈现随年龄增长,吸烟率增高的态势,男生增幅明显大于女生。初中阶段增长速度最快,高中一年级男生尝试吸烟率达到高峰,而且,我国青少年开始吸烟者呈现低龄化趋势(卫生部履行《烟草控制框架公约》领导小组办公室,2008:2)。

2.成年女性吸烟人群:我国成年女性吸烟率相比成年男性要低,但由于女性经常处于被动吸烟的环境中,往往成为被动吸烟的主要受害者。

3.成年男性吸烟人群:成年男性是吸烟人群中的主力军,约占总吸烟人数的一半左右。

吸烟人群的分化导致针对性不强的广告在进行劝服时显得无的放矢,从目前的情况来看,控烟公益广告已经表现出细分受众的意识,但落实尚不到位。在选取的样本中,针对青少年的 14 条广告,大多是宣传保护儿童远离"二手烟"危害的,而非针对学生群体。

如上文所提到的，高一会出现学生尝试吸烟率的高峰，在这种关键的时间节点上，应该有强有力的对象性公益广告来对学生群体的吸烟行为进行积极有效的预防和引导。

(三)in which channel：以平面媒体为主，渠道较窄，媒介利用不够多元化

目前控烟公益广告的投放渠道主要以户外广告、纸媒等平面媒体为主，通过电视媒体传播的视频类控烟公益广告数目不多，且播出频率较低，利用手机等新媒体作为传播渠道的就更少了，投放渠道较窄。移动互联技术飞速发展，控烟公益广告的发展却未能把握住“互联网+”的先机，利用互联网及移动平台进行控烟宣传和健康宣传的尝试并不多。

(四)says what：主题集中，同质化现象严重

控烟公益广告的两种主要诉求是恐惧诉求和情感诉求，二者殊途同归，通过诉诸恐惧使得受众产生惧怕感，进而产生戒烟想法；或者诉诸情感，基于人类感情，通过感性的说理起到劝服作用。由表 1 可以看出，恐惧诉求是控烟公益广告最常见的创意方式。不管是诉诸恐惧还是诉诸情感，都出现了同质化的现象：恐惧诉求的同质化主要体现在通过令人毛骨悚然的画面，将吸烟与肺癌、呼吸疾病和慢性自杀等联系在一起，如图 1。情感诉求的同质化主要表现在强调家长有保护儿童免吸“二手烟”的责任，以及唤醒吸烟者维护家人健康的意识，如图 2。

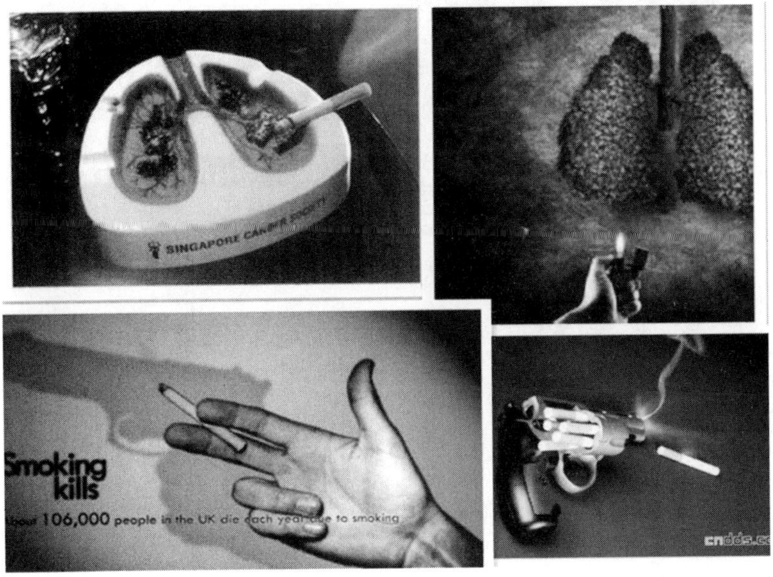

图 1

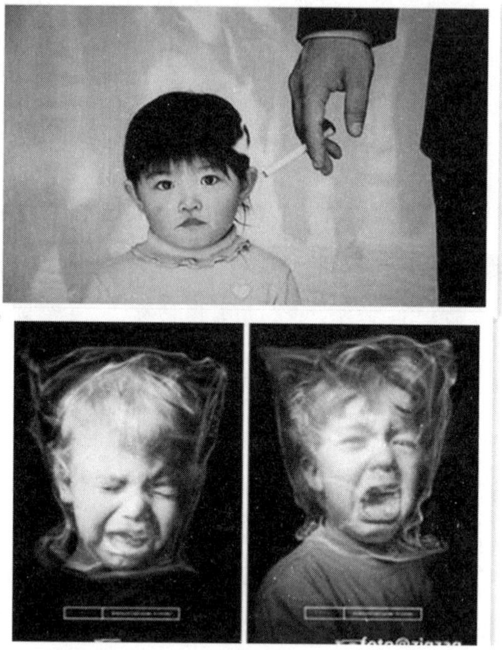

图 2

不讲求广告创意的同质化更为严重,常为大众所见的就是一支烟加“禁止”字样的标志,如图 3。同质化的愈演愈烈容易引起受众的审美疲劳,从而削弱公益广告的劝服效果。

图 3

二、with what effect：改善控烟公益广告传播效果的一些建议

所谓传播效果，指传播者发出的信息经媒介传至受众而引起受众思想观念、行为方式等的变化（胡正荣，1997：295）。拉斯韦尔的“5W”模式划定了传播学研究的范围和基本内容，大众传播研究可以分为传者、内容、渠道、受众和效果五部分，其中最具有现实意义的就是效果研究。通过效果研究，我们可以检测其他四个方面的功能和状况。针对上文提到的控烟公益广告目前存在的一些问题，笔者尝试提出一些改善其传播效果的建议。

（一）政府要强化控烟宣传的议程设置，烟草企业要增强责任意识

1972年，学者马尔科姆·麦库姆和唐纳德·肖提出了议程设置理论，该理论认为，大众传媒具有为公众设置“议事日程”的功能。媒体的新闻报道和信息传达活动以赋予各种“议题”不同程度的显著性的方式，影响着人们对周围世界的“大事”及其重要性的判断（郭庆光，2011：214）。我国新闻事业的双重属性决定了大众传媒的党性、行政性色彩，因此，大众传媒的议程设置在一定程度上反映出政府的控烟工作的议程设置，政府应当在控烟的利与弊之中做出权衡，并强化自身议程设置能力，塑造一个负责任的政府形象。此外，根据霍夫兰的劝服理论，信源的权威性越强，劝服效果越好，因此，从理论上来说，政府在控烟活动中形象越积极正面，所取得的控烟效果就会越好。

此外，烟草业要树立社会责任意识，遵守《烟草控制框架公约》的相关规定，遵守我国有关控烟的现行法律条文，不打法律的擦边球，自觉在烟盒包装上添加警示标志，而非变相利用烟盒外观进行广告宣传。烟草企业的良性参与是推进控烟进程的一大动力。

（二）细分受众，有的放矢

影响不同群体吸烟及戒烟的因素大有不同，因此控烟公益广告应该针对不同的吸烟群体采取不同的宣传策略。以青少年吸烟群体为例，青少年的吸烟行为经常是通过日常生活中的直接观察和模仿而形成的，而社会环境在青少年中有较大的影响力。因此，针对青少年的控烟宣传应该避免大量出现吸烟的场景，公益广告中不妨邀请青少年喜爱的社会榜样进行控烟宣传。在控烟公益广告的投放上也要注意地点的选择，应加大在初、高中学校的投放量。

此外,关于青少年对禁烟广告的内隐态度的调查发现,如果戒烟广告描述的是在集体文化中对别人造成的伤害,则传播效果较好。而如果是单纯面对画面恐怖的广告,青少年会表现出消解倾向的内隐态度(王超,2012:30－31)。因此,面向青少年的控烟广告应该针对青少年的心理有的放矢,才能取得较好的传播效果。

(三)加强与大众传媒的互动,在媒介融合环境下积极利用多元媒介

报纸、电视等大众传媒凭借其强大的传播能力,在控烟公益广告领域积累了不容小觑的影响力。在中国,大众传媒作为党和人民的耳目喉舌,理应承担起宣传控烟的重担,积极与政府开展互动,协助相关部门做好控烟宣传与报道。

“互联网＋”时代给控烟公益广告带来了新的机遇,促进了一大批有生命力的传播模式的出现,如“冰桶挑战”就是通过“名人效应”产生吸引力,再利用互联网的病毒式传播模式在短时间内获得极大关注并且收获了极高的参与度。“冰桶挑战”的传播模式是互联网时代传统公益传播的一次突破和挑战,为控烟宣传提供了借鉴。此外,目前媒介形式多种多样,控烟公益广告不应该只把目光聚焦在平面媒体和电视媒体这“一亩三分地”上,而应该打破媒介之间的界限,综合运用多种媒介形式,并加强对移动媒体的重视。现代人快速阅读的习惯和碎片化的时间使得长时间的广告会模糊受众的焦点,伴随性的、移动性的媒体如地铁广告、电梯广告等,因设置在相对封闭的空间内,接触到目标受众的几率大,体现出小众媒体在传播上的优势。因此,在控烟公益广告的投放渠道上要做到多元投放,充分利用不同媒介的不同属性,争取发挥各媒介的最大效益。

(四)加强控烟公益广告的创意表达

公益广告旨在对受众进行价值观的传达并影响受众的行为方式,优秀的公益广告可以被看作一种艺术表达,目前控烟公益广告的同质化现象愈演愈烈,应该着重增强公益广告的创意能力和制作水平。政府可以跟相关的协会组织或广告机构进行合作,或以比赛的形式选择优秀作品,辅以政策或者资金支持,以此来推进控烟公益广告的新发展。

需要注意的是,公益广告可以提倡创意多元,并借鉴商业广告的传播方法,但公益广告应该始终坚持为社会公众谋利益的宗旨,不能偏离这个大的方向。

参考文献

国家卫计委.中国吸烟人数超3亿、7.4亿非吸烟人群受二手烟危害[EB/OL].(2014－12－10)[2015－01－02].http://politics.people.com.cn/n/2014/1210/c70731－26181857.html.

中国控制吸烟协会.2012年世界无烟日主题报告[EB/OL].(2012－05－24)[2015－01－02].http://www.catcprc.org.cn/upload/file/2012－05/2012控烟报告.pdf.

中国疾控中心控烟办公室.2011年中国控制吸烟报告[EB/OL].(2011－05)[2015－01－02].http://www.catcprc.org.cn/upload/file/2011－10/2011%E6%8E%A7%E7%83%9F%E6%8A%A5%E5%91%8A%20%2020110508.doc.

卫生部履行《烟草控制框架公约》领导小组办公室.2008年中国控制吸烟报告[EB/OL].(2008－05)[2015－01－02].http://www.catcprc.org.cn/upload/file/2011－09/2008%E4%B8%AD%E5%9B%BD%E6%8E%A7%E5%88%B6%E5%90%B8%E7%83%9F%E6%8A%A5%E5%91%8A(cn).pdf.

胡正荣.传播学总论[M].北京:北京广播学院出版社,1997.

郭庆光.传播学教程[M].第2版.北京:中国人民大学出版社,2011.

王超.青少年对平面戒烟广告的内隐态度研究及对心理健康教育的启示[D].天津:天津师范大学,2012.

〔本文为全国教育信息技术研究课题"舆情监测技术在高校德育工作中的应用研究"(课题立项号156242358)的阶段性成果〕

〔甘罗嘉,中国传媒大学助理研究员;肖晴文,中国传媒大学新闻学专业硕士研究生〕

"想象共同体"的媒介构筑:电视与少数民族国家认同

Media Construction of the "Imagined Community": Television and National Identity of Ethnic Minorities

◎张　媛

Zhang Yuan

摘要: 中国作为一个多民族国家,如何将56个民族统一到国家共同体的认知中是维护国家稳定的重要议题。信息化的今天,大众传媒在少数民族地区的日常生活中发挥着重要作用,对于少数民族国家认同的形成也影响巨大。本文借鉴安德森所提出的"想象共同体"的观点,从大众传媒建构后现代国家的想象基础的角度切入,以少数民族分布众多的西南地区为研究对象,考察以电视为代表的大众传媒对于少数民族个体的国家认同感的影响,以寻求能加强少数民族国家认同的传播路径。

关键词: 少数民族,电视,国家认同

Abstract: As a multi-ethnic country, how to unify the 56 ethnic groups into the cognition of the national community is an important issue for the stability of the country. In the information age, mass media plays an important role in the daily life of ethnic minorities, and it also has a great influence on the formation of national identity of ethnic minorities. Based on Anderson's idea of "imagined community", from the perspective of mass media made the imaginary foundation of postmodern countries, taking the southwest region where ethnic minorities gather as the research object, this paper studies the influence of mass media on the national identity of ethnic minority individuals, in order to seek the strategy to promote and strengthen the national identity of ethnic minorities.

Keywords: ethnic minorities, television, national identity

大众传媒在少数民族地区的全面覆盖和强大的渗透力,使其成为少数民族政治社会化的主要工具。大众传媒不仅在传播文化、形成共同体认同方面,而且在改造民族文化、引导建构少数民族身份认同方面都发挥着不可或缺的作用。对于广大的少数民

族民众而言，电视通过持续的信息传递影响着他们对于外部世界的认知，分析和了解少数民族的电视收视行为将有助于提升电视媒体在少数民族中的宣传力和影响力，进而有助于民族政策的落实和民族地区的稳定、社会的和谐发展，这对于构建统一的多民族国家显得尤为重要。

一、大众传媒与“想象的共同体”的诞生

本尼迪克特·安德森提出的“想象的共同体”是在传播学和社会学研究领域影响很大的一个概念，安德森用这一概念来说明民族国家如何通过印刷媒体和统一的语言让读者在阅读、想象和记忆的共时性中产生强烈的归属感。

“民族是想象的，因为即使是最小的民族，其成员也不可能认识大多数的彼此，和彼此相遇，甚至听说过彼此，然而，成员间相互联结的意象却活在彼此心中。……事实上，所有比面对面接触的原始村落更大的共同体都是想象出来的，区别不同共同体的基础，不是他们的虚假/真实性，而是他们被想象的方式。”①

随后，安德森进一步论述了使用统一语言的大众媒介是如何使个人跨越时空限制，联系更多的同胞的。他认为印刷语言以三种不同的方式奠定了民族意识的基础：第一，印刷资本主义与语言的统一增强了传播的便利性，使得不同方言者变得可以理解，连接了无数的同胞；第二，印刷语言具有一种固定性，长期传承下来有助于人们对于古老民族形象的想象；第三，印刷资本主义建立了语言和权力的连接，提升了印刷语言使用群体的地位。②

小说与报纸以线性叙事形式影响了人们的国家想象，由于读着同一部小说或者同一份报纸而产生的“共时性”联结以及文字所产生的意象在人们心中召唤出了一种想象的共同体。大众传媒的发展进入电子媒介时代后，大众传媒进一步促进了想象共同体的形成，因为电子媒介能够召唤文盲和使用不同母语的人形成共同的国家想象。受众跨越时空的大众媒介消费，使得媒介科技与资本主义成为建构想象共同体的重要角色，超越了人际面对面的互动力量。

在受到安德森的观点的启发之后，许多学者沿着安德森的脚步开始研究媒介论述如何建构想象共同体，并从宏观、历史的论述途径研究媒介如何建构国家认同。因此，在考察少数民族对国家共同体的认同的时候，不仅需要从宏观层面考察，还需要关注微观局面，从个体角度来了解国家认同的形成，或许有助于形成互补，从而掌握国家认同所赖以

---

①② 安德森.想象的共同体：民族主义的起源与散步[M].吴叡人，译，上海：上海人民出版社，2011.

形成的各种影响因素。

二、研究对象的选择及其分布情况

(一)研究对象的选择

从少数民族分布情况和研究的便利性两方面考虑，本研究选择了西南地区云南、四川、贵州和重庆四个省(直辖市)作为少数民族电视收视行为调查地区。

表 1 问卷对象分布情况表

类别	性别		地区				民族							合计
	男	女	贵州	云南	四川	重庆	彝族	布依族	苗族	土家族	白族	回族	其他	
频数	284	348	221	190	158	63	95	70	63	51	32	19	302	632
百分比(%)	45	55	35	30	25	10	15	11	10	8	5	3	48	100

资料来源:本研究整理

(二)问卷发放地区的选择

在问卷发放地区选择上采用分层抽样的方法，先在各省分别抽取两个地区，然后在被抽取的地区之中随机各抽取三个县作为调查问卷发放地区。根据各地的少数民族人数比例，最终在云南、贵州、四川分别抽取了六个县，在重庆则抽取了四个县进行调查问卷的发放。调查共发放 800 份问卷，回收有效问卷 632 份，回收有效率为 79%。

表 2 调查问卷发放地区

四川	凉山彝族自治州:德昌县、金阳县、木里藏族自治县
	广元市:苍溪县、旺苍县、剑阁县
云南	红河哈尼族彝族自治州:蒙自市、屏边县、金平县
	大丽白族自治州:大理市、漾濞县、祥云县
贵州	黔东南苗族侗族自治州:镇远县、从江县、雷山县
	安顺市:关岭布依族苗族自治县、镇宁布依族苗族自治县、紫云苗族布依族自治县
重庆	石柱土家族自治县、彭水苗族土家族自治县、奉节县、巫山县

资料来源:本研究整理

三、研究结果分析

(一)受众差异与少数民族电视收视行为分析

从年龄来看,少数民族民众随年龄的增长接触电视的时间呈现增长趋势,并且对电视内容的信任度也越高。

以往很多相关的研究都表明,受教育程度在所有可能会影响到人们的观念的因素中是最具有解释力的人口统计学变量。我们的研究也得出了类似的结论,人口统计学变量中的受教育程度同样成为一个关键变量。这一变量在少数民族电视收视行为上表现为教育程度越高者收视时间越短,受教育程度与少数民族民众的电视收视行为之间呈现负相关。

(二) 少数民族电视媒介接触行为分析

1. 少数民族电视媒介接触状态分析

研究发现,少数民族受众看电视的地点多在自己家中,这一比重占到了 81.6%。大约有 30%的少数民族被访者表示,看电视的时候通常是和家人一起;另外有 30%的受众表示是和朋友等一起看电视;不到 40%的受众表示看电视的时候通常是一个人。

与他人一起,必然就会涉及讨论,他人的意见会对自己的观念产生潜移默化的影响,这种作用可能是即时的,也可能是延时的。这也就意味着在电视信息传播的过程中,人际互动发挥着重要的影响。

2. 少数民族看电视的目的分析

少数民族被访者在选择看电视目的的时候,将“获取新闻”放在第一位,无论是男性还是女性被访者,都有接近 50%的比率。男性与女性被访者出现较大差异的是“学习知识”和“休闲娱乐”这两个媒介使用目的。

从分析数据来看,男性更倾向于通过看电视来学习知识,而女性被访者则倾向于将看电视作为一种休闲娱乐活动。这样看来,如果要增强电视媒介对于少数民族国家认同感的塑造力,除了通过新闻报道的方式来进行宣传之外,具体来说,针对少数民族男性,要更多地通过知识性的信息进行国家形象的传播和身份认同观的传递;而针对少数民族女性,则可以考虑通过娱乐性信息来塑造其国家认同。

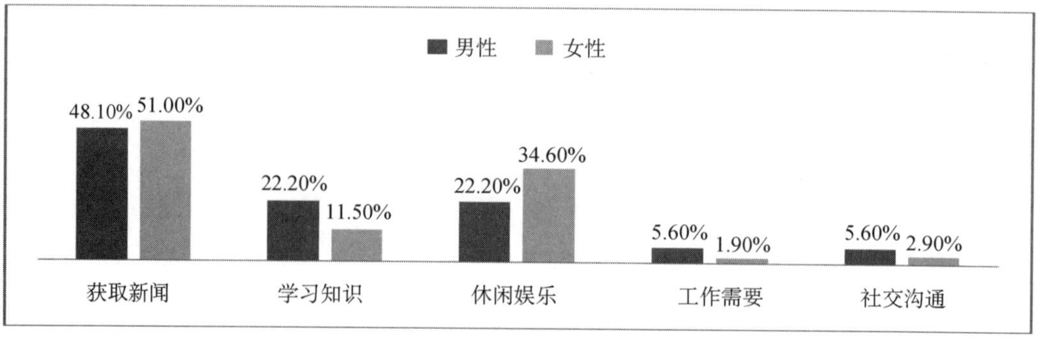

图 1　少数民族看电视目的分析

资料来源:本研究整理

3. 少数民族观看电视时的卷入度分析

根据研究数据,少数民族看电视时基本上还是呈现为主动接触的。超过 73%的受众表示,他们在看电视的时候一般是主动接触,"遇到就看"的人数接近 25%,"从来不看"的只有 1.5%。主动性接触使得他们对于电视信息的内容更为关注,只有那些有吸引力的内容才能够引起他们的兴趣,并被他们所接受。因此如果希望通过电视媒介来影响少数民族受众的国家认同观的话,那么就必须使信息能够以受众喜闻乐见的方式进行传递,这点值得注意。

4. 电视接触时间与少数民族国家认同关联分析

电视具有符号化信息和模式化传递的特点,对于信息的传递是一种符号化的过程。对于受众而言,他们的电视收看行为变成了一种仪式性的行为,具有一定的规律性。可以说,电视对于一些重大事件的仪式化的报道增强了国家的凝聚力,提高了少数民族民众对于国家共同体的认同度。①

在借鉴以往相关研究的基础上,本研究使用"每天看电视的小时数"作为分类的标准,按照时间的连续性将受访者平均每天看电视的时间分为 1 小时、1—3 小时和 3 小时以上三个层次,并相应地分出"轻度""中度"和"重度"三组。② 另外,我们从国家认同量表的认知、情感和行为三类问题中各选出一题,以便通过交叉分析来了解少数民族媒介接触时间与其国家认同之间的关联。

① 张媛.重大事件电视直播与国家认同建构[J].青年记者,2013(32):12-13.

② 龙耘.中国大众传媒涵化功能研究——以"电视暴力"为视角[D].上海:复旦大学,2002.

表 3　少数民族电视接触时间与国家认同关联分析(%)

国家认同度量表问题	个人认知	媒介接触时间		
		轻度(1 小时以下)	中度(1—3 小时)	重度(3 小时以上)
我觉得自己是一个典型的“中国人”(认知)	非常同意	43.5	47.1	50.0
	同意	35.5	34.9	32.4
	一般	12.6	12.8	13.5
	不同意	3.1	1.3	1.0
	非常不同意	5.3	3.9	3.1
我以自己是一个“中国人”而感到自豪(情感)	非常同意	40.4	42.1	39.4
	同意	39.7	36.4	35.0
	一般	10.1	11.2	12.5
	不同意	3.3	7.4	9.0
	非常不同意	6.5	2.9	4.1
我会主动学习普通话,因为我觉得“中国人”有着共同的语言(行为)	非常同意	29.3	34.5	33.7
	同意	26.0	31.1	30.7
	一般	19.0	14.1	14.3
	不同意	14.6	11.0	11.0
	非常不同意	11.1	9.3	10.3

资料来源:本研究整理

(三)少数民族受众媒介内容选择偏好与国家认同分析

受众带着不同的目的、兴趣爱好等去接触媒介,所选择的媒介内容自然会存在差异,而产生的传播效果也自然会有所不同。因此,为了能够更加深入、客观和全面地了解少数民族在接触大众媒介时的内容取向以及心理意识,我们对电视媒介内容进行了分类,并且结合电视媒介接触频次来分析受众的媒介内容选择以及偏好。

从某种意义上讲,媒介内容偏好应当是受众接触大众传播媒介的目的、心理和兴趣的综合反映。在对相关数据进行整理的基础之上,本研究对少数民族受众的电视媒介接触内容进行了简单的分类:新闻类(含国际新闻、国内新闻和本地新闻)、纪实类(含经济、科技类专题片以及纪录片)、文体类(音乐、体育、舞蹈、综艺)、法制教育类(含法制、生活服务和教育)、戏剧类(电视剧、电影、戏剧)。

表 4 电视媒介内容偏好与少数民族国家认同相关分析

	新闻类	纪实类	文体类	法制教育类	戏剧类
国家认同	.190**	.028	.077**	.013	.129**

** Correlation is significant at the .01 level(2－tailed)

资料来源:本研究整理

我们分别考察了上述五类电视媒介内容选择偏好与少数民族受众国家认同感之间的相关程度,如表 4 所示,这五类媒介内容都与少数民族国家认同之间呈现出正相关。其中,新闻类、戏剧类和文体类内容与国家认同呈现显著正相关。经常接触这几种类型媒介内容的少数民族受众,对于国家共同体的认同要显著强于不经常接触此类内容的受众。而数据显示,新闻类信息作为少数民族了解外部世界的重要中介,这类信息的接触数量、接触心理都会对少数民族受众的国家认同感产生相当程度的影响。新闻类内容在共同体归属、身份认同等的形成过程中发挥着重要的作用,其产生影响的强度与媒介内容接触的数量成正比,同时,还受到受众的心理意识、媒介信任程度以及媒介认知等因素的影响。另外,戏剧类节目,尤其是电视剧对于少数民族受众的影响则更多体现在世界观和信念层面,经常收看电视剧的受众表现出了对国家的较强的认同感。受到少数民族受众对电视剧内容的认知、接触状态以及心理意识等诸多复杂因素的影响,电视剧对于国家认同感的建构也呈现出多样化的特点。

小　结

由于受到文化水平和媒介素养的制约,在少数民族地区,民众对于大众传播信息的接受程度是有限的,但是电视这一视听合一的大众媒介却可以有效地避免这个问题。因此,对于少数民族民众电视收视行为的研究,能够帮助我们了解大众传媒对于少数民族国家认同感形成的重要作用。

从调查结果来看,各少数民族之间虽然在具体的媒介使用上存在差异,但是总体看来,电视媒介是少数民族使用最多的获取外部信息的媒介,少数民族受众接触媒介的首要动机是了解国内外大事。由于少数民族聚居地区通常位于农村和边远地区,加之受到教育水平和知识文化水平等的限制,少数民族民众在选择大众媒介时候,更倾向于选择电视媒介,选择报纸的民众较少。电视建构了一种观众参与的“媒介仪式”,它把“受众”变为“公众”,所以在建构国家认同方面发挥着重要作用。媒介事件的电视现场直播能将分散的个体凝聚起来，强化受众的国家认同。尤其是电视现场直播，是建构和强化民族国家认同的最佳机遇和场域，现场直播可以在特定的时间和空间内形成强大的向心力和凝聚力，从而强化少数民族的国家认同感。①

另外，值得注意的是，在少数民族受众使用电视媒介的过程当中，有三项因素会影响到少数民族受众的收视选择行为：第一，少数民族受众本身的需求。不同的需求会带来不同的收视动机，而不同的收视动机会直接反映在少数民族受众对于媒介内容、类型的选择偏好上。第二，少数民族受众的收视群体。人是一种群体的动物，人所有的行为都或多或少会受到周遭环境与外在社会中的人、事与物的影响；少数民族受众所处的收视情境、周围的收视群体当然也都会改变少数民族受众对媒介内容的选择。第三，少数民族受众对各种媒介内容在选择上的知晓性。少数民族受众对于所能够接近、使用媒介内容之相关信息了解与否，同样也与少数民族受众选择媒介内容的结果有关。

综上，电视媒介进入少数民族社会之后，有效地促进了民族地区的人际交往和社会发展，将少数民族家庭、族群与国家等各种共同体的形象和现实连接在了一起。媒介通过大众传播中所传递的民族主义来建构少数民族的国家认同，所以了解少数民族民众的电视收视行为，有助于加强对民族地区国家认同的宣传与建构，进而实现加强民族团结、增强国家凝聚力的重要目标。

〔本文为国家社科基金项目“大众传媒与少数民族国家认同研究”（项目号：14CXW006）的阶段性成果〕

〔张媛，贵州大学文传学院传播学博士，副教授〕

① 刘新利.试论电视与少数民族国家认同的建构[M]//中国少数民族地区信息传播与社会发展论坛组委会.第四届中国少数民族地区信息传播与社会发展论丛.北京：中国文史出版社，2012.

论网络社会管理中的技术近用

——从地方政府网络社会协同管理的创新经验谈起

On the Access to Technology of Internet Society Management

◎ 谢 蓓

Xie Pei

摘要:在网络社会管理技术利用方面,许多地方政府部门已做出有益创新:主动将党政门户网站建设成为网上权威信息源;架设了全方位的网络技术平台,有效地提升了政府在"两个舆论场"内的影响力和掌控力;在突发事件中能基本做到对网络舆情的及时回应与科学导控;优化政务微博责任部门管理模式;加强与主流网络媒体的互动,传播网络正能量。同时,我们也看到了各地在网络社会管理发展上并不平衡,有些地方的党政宣传,在态度、管理、效果、协同、技术等层面还落后于新媒体的技术发展。对此,课题组提出以下几方面的政策建议:统筹建立开放、整合、强效的网络平台;强化对移动互联网平台的管理;通过大数据挖掘,建立舆情风险评估制度;重视常规化的政务形象力塑造与客观测评;建立网络政治心理疏导互助社区。

关键词:网络社会,协同管理,传播,技术近用

Abstract: In the use of Internet society management technology, many local government departments have made useful innovations happen: The government actively builds the Party and government website as an authoritative source of information on the Internet. The government has set up a comprehensive Internet technology platform, which effectively enhances the government's influence and control in the "two public opinion fields". In emergencies, the government departments are able to respond to the Internet public opinion in a timely manner with scientific guidance. The government has improved the management mode of the responsible department of government micro-blog. The government strengthens the interaction with the mainstream Internet media and spreads the positive energy on the Internet. At the same time, we have noticed that the development of social management on the Internet is unbalanced. In terms of attitude, management, effectiveness, coordination, technology and other aspects, some local governments' publicity is still lagging behind the technological development of new meida. In this regard, the research team made following policy recommendations: Establish an open, integrated and powerful Internet platform. Strengthen the management of mobile Internet platform. By means of big data technology, the government can establish a public opinion risk assessment system. Pay attention to the conventional image shaping and objective evaluation of government affairs. Establish Internet political psychology mutual aid community.

Keywords: Internet society, collaborative management, communication, access to technology

党的十八大报告指出,“要加强和改进网络内容建设,唱响网上主旋律。加强网络社会管理,推进网络规范有序运行”。与传统社会相比,网络虚拟社会具备“流动性”“族群化”“人民身份”“云智慧”“技术近用”[①]等崭新的特征,这也意味着传统管理可能濒于失效。在虚拟社会管理场域政府与社会的博弈中,政府拥有的优势为法律优势、国家权力与资本优势。而社会拥有的优势为:流动性带来的空间、时间优势,规模化带来的族群优势,“人民身份”带来的道德优势,云智慧带来的理性优势以及技术近用带来的工具优势。

随着互联网带宽的不断增长,带宽稀缺的矛盾逐渐弱化,互联网也正在从单一文本、静止图像的传播转为多媒体传播形式,它一直被人们看作是信息和传播技术以相对开放的标准和协议以及较低的进入门槛形成的一对一、一对多、多对多、多对一的网络之网络。[②]网络社会是建立在设备互联技术基础上的社会形态,由于技术的不断更新与推进,互联网接入设备也不断提档升级:从早期的大型主机,到中期的个人电脑,到现在的智能手机,再到以后的可穿戴设备,其背后的深刻变革是互联网正在从“人—机”关系走向“人—人”关系。

① “网络技术近用”的词源是媒介近用权(the right of access to mass media),后者也称作“接近、使用媒介的权利”。所谓虚拟社会中的“技术近用”(access to technology),是指一旦一项新技术被发明出来,庞大的网民群体总是因为“近水楼台先得月”而率先使用这项技术,并且通过各种网络传播方式,迅速将这项技术的使用普及开来。

② 查德威克.互联网政治学:国家、公民和新传播技术[M].北京:华夏出版社,2010.

一、信息技术浪潮给网络社会管理创新带来挑战

(一)"数字鸿沟"向社会管理者层面延伸

伴随着通信及信息技术的发展和应用,资本人才和物资等重要资源进一步呈现出以信息资源为中心同向流动的趋势,拥有信息资源的多寡直接影响着特定人口获得其他资源的程度,从而造成或加大国家之间以及国家内部群体之间的多方面差距,这就是我们常说的"数字鸿沟"。上述定义是从网络技术的应用角度来说的,强调了信息硬件、软件的拥有及网络的使用等方面的差距。但在社会现实当中,"数字鸿沟是一个重要的政治、社会和种族问题"[①]。美国哈佛大学教授诺里斯就从"全球鸿沟""社会鸿沟""民主鸿沟"三个方面来定义"数字鸿沟",把网络应用技术、经济、社会、文化、心理等因素都考虑到"数字鸿沟"的内涵之中,既解析了"数字鸿沟"的不平等维度,又说明了"数字鸿沟"的社会分化维度。[②] 卡伦·莫斯伯格认为,网民在利用网络提高自身政治参与度和影响力方面存在差距。

网络传播的准入门槛较低,使用方式较为多样,人们可以通过网页、WAP、手机客户端等发布内容,技术近用能力无疑是对网民进行了又一次划分,加深了既有的"数字鸿沟"。这种情况不仅存在于网民群体中,在社会管理者中也是如此。从地方网络社会管理现状的调研情况来看,能够利用互联网的社会管理者有机会听取更为广泛的民意,而那些没有掌握网络技术的社会管理者就无法做到这一点,原本显现于网民之间的技术近用差距延伸到了社会管理者的层面。

(二)碎片化传播使公众参与质量出现分化

在文本时代,无声的文本脱离了人的肉体,独立于个体的人而存在,这一点非常重要。由于文本必须脱离"肉身",面对可能"完全陌生"的另一个"肉身",语言文本就必须具备独立的"锁定意义"和存储消息的作用。人与人之间交流的方式,从必须面对面转换为"不一定"面对面,交流的"意义"可以脱离交流媒介独立存在。

网络传播信息场域呈现出更加典型的"碎片化"特征。这一特性虽然使得政府机

---

① 凯茨,莱斯.互联网使用的社会影响:上网、参与和互动[M].郝芳,刘长江,译.北京:商务印书馆,2005:387.

② 曹荣湘.数字鸿沟引论:信息不平等与数字机遇[M]//李惠斌.全球化与公民社会.桂林:广西师范大学出版社,2003:189.

构与民众的沟通更为便捷，但另一方面，碎片化的传播随意性较强，且完整的信息需要传播者多次发布并相互结合才能形成。不少政务信息包含内容较多，很难一次把信息发布完整，这使得政府所传递的信息可能存在缺失或不确定性，也影响了信息接受者对信息的理解，从而造成歧义。这与政府机构信息公开必须权威、准确的要求存在着较大差距。

(三)定制信息窄化加剧“群际隔阂”

“群际隔阂”是一个群体的主导倾向不断得到加强，与其他群体的异化不断加深的现象。网络转评在一个能激发受众共同兴趣的话题下很容易引起群体的情绪感染或同化，极易在观点相左的群体间引发辩论、争执，甚至更多的非理性行为。最初的道德批判也很容易变化为群体性的情绪发泄，极端化的群体将其中的人们推向不理智的边缘，从而导致群体失控。

网民借以传播信息的网络节点间的“关系网”，高度融合网络与手机、线上与线下、虚拟与现实、熟人与陌生人、个体与群体，依靠用户信息源，促成自发组织的群体行为；借助关系传播集合起的好友圈、粉丝群中的用户，在兴趣爱好、价值观或某种利益方面高度契合，而信息在群体接触中具有类似病毒传播的强感染性，极易引发群体从众效应、沉默螺旋机制、群体压力等协同作用下的“群体精神统一”，从而使这些用户受到非理性情绪暗示和传染性情绪影响，表现出集体幻觉下的集体无意识，最终造成群体非理性和群体冲动行为。同时，群体之中的人们更容易陷入煽情性信息的泥沼，享受各种刺激性信息带来的体验。过去的网络事件大致可以分为两类，一类是关于名人的，一类则是关于极端事件的，而后者更多是鸡毛蒜皮、无关公共利益的琐事。

网络是现实社会的延展，也是人们现实生活的一部分。从某种意义上说，网络将一定规模的有着共同的政治立场、文化观念、兴趣爱好的人聚集在一起，使之在互相认同的转评过程中建立起“利益共同体”关系，这样的网络交往以虚拟的形式给人们带来了现实欢乐，进而使网友以“群内趋同、群际隔阂”的特点聚集，最终转变为严重的极化现象。网络传播技术的普及，理论上给予了每个公民政治参与的平台和公开发言的机会，推进了多元声音与平等价值的实现，然而，这依旧无法克服“信息的窄化”“圈子固定”所形成的“群际隔阂”问题，尤其是在一些极端性突发事件中，没有太多时间留给人们去思考与分析，更易出现“非左即右”“分帮结派”“打口水仗”的现象。

在网络社会中，网民拥有较高程度的言论自由和各种发表意见的渠道。然而，在海量信息的浪潮中，很多人容易丧失鉴别真伪的能力，甚至有人游戏于互联网之间，散布谣言、诽谤他人,用自己的自由侵害他人的自由,出现网络行为失范,严重危及公众对公共事务的理性判断,并导致公民社会参与的有效性无法得到保障。

(四)政府回应公共诉求须强化制度保障

科学、系统、高效的网络舆情信息采集及研判机制,能有力保障网民的政治参与诉求得到及时回应;反之,如果回应机制长期缺失,则会导致政府权威性与公信力逐步丧失,网络虚拟世界中的矛盾日益加深。换句话说,并不是所有的公众互联网政治参与行为都能得到政府回应,最终转化为有效的公共决策实践。在互联网政治中,民意表达的信息量是很丰富的,只有十分重大的或牵涉到最广大人民利益的事件才能被列入政府议程,形成政策。因此,政府对于网民政治参与诉求的回应,无论在时间上还是在结果上都不具有稳定性。

此外,政府公共信息透明可逐步增强社会的"谣言免疫力",在民众有足够资讯可以分辨谣言时,谣言自然难以依附真相而存在,不会让人以为那是"遥遥领先的预言",正所谓"以公开求公正"。但信息公开前需要去伪存真,调查甄别需要较长时间,否则会带来更严重的后果。而网络传播的时效性是以"秒"度量的,绝大多数情况下,网友对结果的迫切期待与行政工作效率难以匹配。如何在"第一时间发布"与"保持权威性"之间寻求一种平衡?"快回应,缓表态,慢下结论"是政府部门的惯常做法。然而诸多公共事件背后往往隐含着复杂因素,限制了信息公开的程度,而当遇到两难选择时,绝大多数政府官员都会持保守态度。

二、地方政府网络社会管理技术平台建设的经验评估

在对国内十多个地市进行了系统调研后发现,地方政府在网络社会管理的技术利用方面,已取得以下有益的创新经验。

(一)把党政门户网站建设成为网上权威信息源

一些省市的各市委、市政府引入媒体化管理理念,对政务门户网站和政府服务网站建设都非常重视,由宣传部门采取科学的运作方式来承建,取得诸多优势及发展空间,在建网及维护方面做出了许多有益探索。在财力保障的前提下,政府部门组建稳定、高效、负责的运维管理团队,并在工作中结合政府网站的特点,通过业务培训和案例分析会,不断丰富团队人员的知识结构。在信息化时代,让正面声音引领网上舆论

至关重要，各省市相关部门紧紧围绕党委、政府关心，媒体关注和社会关切的热点来开展工作，充分发挥互联网容量大、多媒体、及时性等优势，精心设计、制作专题、专栏。

发挥网媒优势，本着“服务社会”的宗旨，把方便群众、服务群众作为衡量工作的重要标准，为群众提供实用信息；加强网络互动，积极主动地与网民沟通交流，疏通社会各界表达渠道，为公众打造建言献策、咨询投诉、监督政府的网上绿色通道；为党委、政府提供了解民意、接受监督的窗口，加强政府与公众的沟通互动，积极打造网上政民互动平台，对话公众、听取民声，阐释政策、疏解社情，广聚民智、科学决策，致力于建设规范化服务型、公开化透明型政府。

(二)全方位架设网络技术平台

在互联网管理工作中，地方政府部门意识到应把互联网看作一个生态系统来对待，这个系统中包含了新闻网站、论坛、QQ群、微博、微信、手机客户端等新媒体形态和传播形态，每个媒体平台都是一个虚拟世界，都有各自的意见领袖、追随人员、旁观者和潜水者。地方政府在互联网管理工作中实行全方位参与，与新闻网站建立联络机制，在论坛设置讨论版块，并建立专业QQ群、政务微博、微信平台，有效地提升了政府在“两个舆论场”内的影响力和掌控力。

(三)对网络舆情的及时回应与科学导控

政府回应互动机制以及党代表联系群众机制，是现代政治的重要制度安排之一。在现代民主视野中，及时回应和纠错完善是制度约定的工具理性，也是价值理性的回归。以互联网为代表的新媒体技术形式喷涌出现，如何善待之，如何顺势而为，如何造势而兴，打造新的公共舆论平台，于政府、于每一个社会成员，已露出了“契机之光”。从24小时回应舆情、“黄金4小时”法则，再到微博传播兴起后的“1小时回应”，时间原则在舆情应对尤其是突发事件应对中被反复印证。

政府管理部门在重大突发事件和重要社会问题的讨论中更加需要快速发声、发布权威信息，以引导舆论发展，平息谣言猜测。在引导、处置网络舆情方面，应本着促进社会和谐稳定的基本原则，加强与各有关部门的协作联动，强化联动处置、信息共享，形成处置引导合力，坚持“对外协调”与“对内处置”相结合；按照属地管理的原则，对互联网进行市县分级管理，发挥各自优势，抓住网络源头，有效引导舆论；市级网站、论坛应加强与网站建设方、论坛版主、网络领袖、知名博主、重点网民等各层次网民的沟通联络。

(四)优化政务微博责任部门管理模式

一些省、市地方政府均已开通官方政务微博,其中一些开通较早、影响力较大、人气较高的政务微博都由专人负责维护。这类政务微博的管理工作一般由责任部门和运营部门两个团队完成,责任部门既要掌握信息资源,又要统揽负责政务活动的职能部门。许多地方政府都建立了"综合行政部门为主,新闻宣传部门为辅"的政务微博责任部门模式,这比较符合政府行政规律。同时,运营部门也有不同的工作定位,不仅仅要配备设备,而且还要确保尽可能快的反应速度。目前,政务微博团队的组成主要有以下三种形式:一是单位内部的群众组织,二是某一职能部门,三是服务热线或监控中心等。这些运营部门负责维护政务微博,既能保证日常与网民进行互动,也能保证在突发情况下第一时间通过政务微博传递信息。

(五)加强与主流网络媒体的互动,传播网络正能量

在地方政府宣传部门与新闻媒体之间建立制度化、常态化的互动机制,定期组织政务机关与媒体记者交流,增进理解、凝聚共识。充分运用人民网、新华网等国家、省、市高端媒体,开辟"喜迎十八大·数字看变化""省市党代会专题网宣""推进文化建设工程"等网络专题报道,策划组织党政领导走进新华网全国"两会"访谈室,提升正面效应,扩大正面影响。

综上所述,我们有一系列弥足珍贵的经验值得总结,这些尝试也取得了引人注目的成绩,但总体上,网络社会管理机制的建设与发展并不平衡。相比较而言,有一些地方的党政宣传还落后于新媒体的技术发展。

1.态度层面

一些领导干部、党政机构不善于使用新媒体维护自身的公共形象,对于新媒体的重视程度不够,个别干部或不通不用,或置之不理,导致了这些单位部门对新媒体舆论反应滞后、可利用性阙如,一旦出现舆情,应对十分被动。

2.管理层面

有的地区人力、财力、物力投入不足,现有管理体制机制不健全,尤其是缺乏舆情监测、研判、预警、处理、评估等长效常态管理机制,导致政务危机公关工作瘫痪。此外,多头管理导致职责交叉、权责不一、效率不高,也是常规病症。

3.效果层面

由于上述原因,管理力量薄弱、管理资源不到位,管理措施和要求没有落到实处,导致一些部门的所谓舆论引导工作仅限于舆情“救火”。更为常见的是,舆论工作流于形式,造成“重形式,轻内容”现象,没有带来实质效果,存在打官腔、无实效的现状。至于党委、政府直接主办、管理的网站,如各级政府网站,主要功能是发布政府部门相关信息、收集民意反馈、网络问政。

各地政府网站在形式上大都设立了网上办事大厅、网络新闻发言人、书记市长信箱、政务微博等,各省各市也基本建立起了相应的考核机制,对回复率、办结率等提出了明确要求。不过,在现实运作中,过于强调信息的主导性单向传递,政务面目过于严肃,缺少亲近感;单纯追求回复率,缺少与群众的深入交流,论坛、微博的用户偏少且活跃度不高;页面设计亲和力差,信息更新缓慢。

4.协同层面

舆论主体的互动仍有待加强,即机构与媒体的联动、政府与公众的联动、行政部门之间的联动,仍然处于初级阶段,尚未达到社会管理协同创新的高度。目前,协同的深度、广度、效率,主要依赖于领导的重视程度,并随事件危急程度而定。由于常年停留于应急处理体系下,长治久安的治理逻辑无法呈现。

5.技术层面

相对新媒体发展的进程而言,一些党政机构的舆论引导工作处于滞后状态,相关技术手段也较为落后。至于对移动互联网的使用,如政务 App、政务微信的开发,大多明显不足。

三、对网络社会协同管理技术运用的政策建议

在较长一段时间内,市场和社会比政府更敏感地把握了技术变革潮流。面对当下的移动互联网浪潮,政府应果断跟进,力争站在潮头,运用新技术谋求管理变革先行的可能性。技术可为他用,亦可为我用,政府应加大学习力度,投入更多力量研发建立更强大的技术平台。

(一)虚拟市政厅:由政府职能设计转向公众需求设计

建议加快电子政务的系统研发和平台升级,运用信息技术将半封闭的部门隔离化

的手工作业,导向准开放的网络协同作业;集中决策采集系统,把教育、医疗、交通、社保、信访等与民生相关的重要政务信息整合在一个网络平台中,统一由该平台收集公众意见和建议,构建网络虚拟市政厅,既包含互联网服务平台,也要尽快建设移动客户端应用平台,市民可使用身份证信息登录虚拟市政厅,真正实现行政服务的移动化、即时化和个人化。

在中长期,建立起吸纳参与压力的开放平台(类似于中纪委、监察部和国家信访局的开放系统),以及能够回应利益诉求的多元管道(类似于南京整合 12345)。在政府内部应用监督干群沟通、考评执政创新的技术工具(类似于淮安"阳光纪检"综合技术平台)。

在党政机构层面上,普遍建立卓有成效的官方自媒体,建设政府官方 App,传播公共管理知识,让群众知晓社会管理的复杂性和协同管理的重要性,强化与社会公众的扁平沟通。

利用一切新兴技术(如微信公众号、移动客户端 App 等)提升社会管理服务的速度与效率,推进公众协商平台的移动化发展,例如在交通执法过程中引入 LBS 地理位置服务。

(二)通过大数据挖掘,建立舆情风险评估制度

各级政府应加快社会舆情分析与决策支持研究基地的建设,重视常规化的政务形象力客观测评,在大数据挖掘中找到控制社会风险的信号机制。重大事件的舆情风险主要来源于两点:一是事件本身存在缺陷,引发公众质疑;二是公众对实情缺乏了解,进行主观猜测。对涉及群众利益的重大决策事项实行网络舆情风险评估制度,意味着将舆情风险评估作为各级党政机构决策部署的一个"刚性门槛",并用责任倒查措施保证评估机制的落实,以提高各级党委、政府决策的科学化、民主化水平,从源头上有效预防危害社会稳定事件的发生。在评估的过程中,由责任部门牵头,完成预警措施、引导手段、突发预案等报告,做到有备无患。

近年来,网民在互联网上获取新闻信息的渠道正在向社交化媒体转移。由此可见,现代化的科学舆情研判系统要适应信息时代政府决策参考的需要,必须对已有的网络舆情监测系统进行技术更新,符合网络舆情传播的特征,实现舆情监测的时效性,对即时的话题进行内容分析和舆情趋势跟踪。另外,从网络舆情本身六大特性看,其开放性、爆炸性、实时性、互动性、偏差性、多变性决定了舆情监测和分析的复杂性,必须应用智能化信息分析处理技术,提高政府网络舆情工作的能力。在网络舆论势头强

劲的时代，凡涉及公共服务的政府部门都有必要及时准确地把握公众对服务的反馈意见。据调查数据显示，当前网络舆情汇集和分析智能化系统在政府部门的应用，还仅仅局限于国家安全部门、公安部门和宣传部门，远远不能满足政府网络舆情应对及公共决策子系统构建的需要。

根据舆情演变规律以及网络媒介的信息传播特性，基于网络监测系统的政府网络舆情研判工作有五个方面的内容：舆情规划、舆情收集、舆情分析、舆情控制、舆情评估。舆情规划是确定网络信息的监测主题，选择需要监测的网络媒体（国内主要包括微博、论坛、博客、媒体网站），设置需要捕捉的网络信息关键字，日常监测一般设置为本部门的机构名称或部门领导名字即可；在热点舆情爆发期，可根据舆情主题来进行设置，例如“地震”“抢盐”等关键词，从而准确捕获舆情动态信息。舆情收集工作是从所监测的网络媒体中实时自动获取指定主题的网页信息，存入本地信息库中。舆情分析工作是对信息库中的所有信息进行实时分析处理，包括主题识别、信息分类、数量统计、重要性分级，同时通过与历史信息统计结果的比较分析，研判相关舆情的主题及热度变化趋势。舆情控制工作指舆情预警、应急方案制订、部门应急联动等管理内容的实现，具体操作是先设定一定阈值，超过阈值范围系统自动报警，继而引入人工干预，启动政府应急方案。舆情评估工作主要是舆情事件的事后分析、备案和总结，为舆情监测系统的优化及应急预案评估和修订提供参考依据。

（三）重视常规化的政务形象力塑造与客观测评

长期以来，地方政府形象管理一直处于“自我表扬”状态，鲜有外部因素介入并发挥主导性作用，鉴于上述问题和矛盾，建议地方政府尝试借助社会公益组织、网络舆论领袖、民间文化团体等外部力量协同管理，更有效地实现执政者形象塑造。各地在公共关系层面所做的事情比较有限，主要有两个方面，一是网络公关，这点在经济较发达、网络社会管理理念比较开明的苏南地区做得相对较好。政府官员可以在网络上与公民建立良好的关系，平等对话，相互理解；官员与网民尤其是地方网络名人，在日常的工作接触中建立了良好的人际关系。这有助于提高公众对政府的信任度，使公众积极参与到政府的议程设置中，进而提高社会凝聚力。二是新闻公关，这是各地政府普遍采取的公关策略。与各级媒体保持良好的关系，确保在舆情危机突发时，媒体能够基于“交情”在报道倾向上有所“平衡”。从本质上讲，这是一种消极的防备性公关策略，反映了“不求有功，但求无过”的被动心态。

政府部门形象的塑造与评估可以从以下几个方面着手：媒体使用（新媒介接触、与传统媒体的合作、自媒体运用)、媒体表现(媒体形象塑造、接受采访时的表现、新闻发布水平)、受众口碑(市民尤其是网民对其品格、形象的认可)等。建议引入"政府形象力测评指标系统(GII)",将政府部门形象力测评作为政绩考核的重要参考,进而促进党政机构舆情管理向管理自新机制的深度拓展。

(四)建立网络政治心理疏导互助社区

处于网络社会管理一线的公职人员,长期接触网民的"怨恨"情绪,个体承受群体的非理性言语暴力,对其心理健康极为不利。在重大自然灾害和恶性事件过后,网民的政治心理疏导也尤为重要。请专业心理咨询人员参与个体和群体的政治心理辅导、治疗,帮助个体与群体保持积极、健康的政治心态,对网络社会而言,是更能体现"柔性"治理和人本主义精神的管理手段。

网络政治心理调适和疏导,需要从公民理性和政府疏导两方面去努力。对公民而言,网络政治参与应该从公共理性出发,秉承以国家利益和公共利益为重的宗旨,在通过网络进行个人利益诉求表达的过程中,应该理性持中,避免过分情绪化。作为网络政治空间的主体,每一个网民在享受网络言论自由的同时,应该承担起自己的道德责任,在自主表达各种利益诉求、进行网络论政和网络评判时,必须严守法律和道德的分际。

作为政府而言,对网络政治心理疏导要足够重视,重点从以下几个方面发力:在知名地方论坛中,建设以专业心理咨询人员为主的网络政治心理疏导互助社区,建立和完善利益整合和协调机制,强化社会公共服务职能;规范网络政治参与秩序,优化网络环境,倡导"文明网络""绿色网络"和"健康网络",净化网民政治心理形成的土壤;以软性对话和对策控制监测有可能引发群体性突发事件的突出问题和隐患,掌握实情,研究措施,进行疏导,力争把问题遏止在萌芽状态;加强网络教育,健全网络伦理规范体系,借鉴国外网络伦理建设成果,汲取我国优良道德传统,提取时代道德精华,强化网络道德责任感,打造具有中国特色的网络伦理规范体系。

〔谢蓓,中国传媒大学南广学院新闻传播学院副教授,南京大学政府管理学院博士后〕

史前图像的媒介特性

——媒介形态视野下的岩画研究

The media characteristics of Prehistoric image

—A Study on the Rock Paintings in the view of Media Morphology

◎崔　林

Cui Lin

摘要：本文在媒介形态的视野下，对作为人类符号传播起点的岩画进行了媒介特性的梳理和讨论。作者认为，作为史前图像的岩画，在时空特性上以跨越时间为主要意义；在功能特性上以记录仿真为主要目的；在符号性质上以非语言符号为构成形式；而在环境特征上，岩画所依存的媒介载体与环境之间的关系亦传递了大量的潜在信息。

关键词：跨越时间，记录仿真，非语言符号，媒介环境

Abstract: From the perspective of media morphology, this paper discusses the media characteristics of rock paintings, which is regarded the starting point of human symbol transmission. We believe that, as the image of the prehistory, on the aspect of temporal and spatial characteristics, rock paintings take crossing time as the main demands. On the aspect of functional characteristics, rock paintings take record and imitation as their main purpose. On the aspect of symbolic nature, rock paintings are mainly based on nonverbal symbols. In term of environmental characteristics, the relationship between the media and the environment that rock paintings rely on also conveys a great deal of potential information.

Keywords: crossing time, record and imitation, nonverbal symbols, media environment

2016年7月，在土耳其伊斯坦布尔召开的第40届联合国教科文组织世界遗产大会上，广西左江花山岩画成功入选世界文化遗产名录，2 000多年前由壮族先民骆越人绘制在左江沿岸200多米悬崖上的花山岩画，成为中国首个入选世界文化遗产的岩画类遗产。在花山岩画“入遗”的推动下，作为史前图像的岩画不仅引起公众的广泛关注

与好奇，同时也进入了更多传播研究者的视野。

岩画是一种石刻文化，是史前人类在岩穴、石崖壁面和独立岩石上留下的彩画、线刻、浮雕等的统称，这些自远古时期就出现在岩石上的史前图像，是先民们留给后人的珍贵文化遗产。自 19 世纪下半叶在欧洲发现洞窟崖壁画以来，学者们对岩画的发现、确认、研究、争论延续了一个世纪，直到 1988 年，达尔文会议的召开标志着岩画研究不再只是考古学的一个分支，岩画学作为一个独立的学科出现于学术界。[①] 但即便如此，对岩画的研究仍然偏重考古、历史本身，无论是对岩画图像与载体的本体研究，还是对岩画价值与意义的文化研究，都尚显薄弱。正因如此，在媒介形态的视野下，对作为人类符号传播起点的岩画进行媒介特性的梳理和讨论，就显得尤为必要了。

一、时空特性：以跨越时间为主要意义

联合国教科文组织就世界遗产中的岩画曾这样写道："岩石上的绘画和图形，正如人们通常所说的'岩石艺术(即岩画)'，它们产生在人类学会读和写之前，开始于智人出现的时候，它们提供了文字发明之前关于人类的极其重要的历史资料。"岩画作为远古人类的一种非语言符号，"书写"着所谓人类的史前文化史。

岩画是艺术家在自然洞窟、崖壁岩阴，或大自然中单个巨石上进行绘、刻、雕而得到的艺术品。作为远古时期人类物质生产与精神活动的记录与反映，岩画与墓葬、居住遗址、祭祀遗迹等构成一种共同体，它们各自代表不同的文化因素，记录和反映了同一时段、同一地域人群的多种活动。[②] 左江岩画入选世界遗产，重要原因之一就在于其所反映的图腾崇拜行为与周围的墓葬和遗址在时代上相近，可互为佐证，能够比较准确地反映当时人们的活动历史，因此具有重大的文化价值。

在《论艺术——没有地址的信》中，普列汉诺夫曾举过一个例子：德国科学家思巴恩在巴西河岸上看到土人画的一条鱼，于是按图索骥，在河中捞到了鱼。河岸上的图画穿越了时间和文化的长河，向这个后来的陌生者传递了非常实在的信息，并直接带来了行动的成果，信息传播的效果非常明显。正如安德烈·巴赞所说："倘若人们在我们对绘画的盲目赞叹中没有看到用形式的永恒克服岁月流逝的原始需要，'绘画便实在太无价值'了。"[③]

---

① 陈兆复，邢琏.世界岩画 II·欧、美、大洋洲卷[M].北京：文物出版社，2011：12.

② 张亚莎.西藏岩画的发现[J].西藏大学学报，2006，21(2)：72.

③ 巴赞.电影是什么？[M].崔君衍，译.北京：中国电影出版社，1987：7.

显然，在远古人类必然要面对的时间和空间这两种自然维度的限制之中，岩画主要克服的是时间这个维度。这些刻画在各种岩石上的图像，通过对一定空间的占用来完成对信息的记录和保存，使得后来的人们可以了解到成千上万年以前发生的事情。正是因为有了岩画这样一种古老的时间型媒介，现在的人们才有可能感受到远古时期人类的生产生活方式以及他们的精神世界。

当然，作为时间型媒介，岩画要实现对时间的跨越，就必须要占据一定的空间。无论是山崖上，还是洞穴中，很明显，岩画都是通过对一定空间的占用来实现时间维度上的超越的。作为史前图像的载体，岩画所依附的这些崖壁一旦被自然风化或是人为破坏，那么千万年以后的人类就不可能了解到如此丰富的史前信息了。因此，一些著名的洞穴岩画（如法国拉斯科洞窟岩画等）在被发现后，由于参观者的进入而受到不同程度的损坏，如今相关部门已经采取封闭的措施加以保护。左江岩画自 20 世纪 50 年代被发现以来，如何对这些文化遗产进行保护，一直都是考古、历史、文化等诸多学科的学者所面对的重大难题。

二、功能特性：以记录仿真为主要目的

岩画以绘画的方式来记录原始人的生存状态，反映了游牧民族在不同历史时期的生活习俗、社会经济、宗教信仰、文化艺术，以及他们所掌握的知识与技能；它既表现了创造者的物质生活状况，又反映了人类的精神奥秘。岩画中的许多图画，如果能够被释读的话，是一个生动而完整的故事，尽管有的画复杂、繁芜，但总是在叙述表达一件事或一个想法。[①] 显然，对自然世界、社会活动或是精神世界进行真实记录和模仿，是岩画作为史前媒介的基本功能。

据不完全统计，世界上已发现的岩画记录了超过 2 000 万个图像，保存在世界上的岩画图像估计将超过 5 000 万个。“到现在为止，我们所知的史前艺术品 99%是岩画，其全部数量可能远远超过上面所估计的。”[②]在对数量巨大、类型繁多的岩画进行研究时，根据岩画类型学的一系列材料，研究者发现了这些史前图像普遍反映出某些特定的内容。“从最初的狩猎—采集者开始，岩画描绘出日常生活、信仰和不同发展阶段人类的重大社会现象，它们也透露出流行的观念和交流的动机。”[③] 从总体上看，岩画所记录的内容大体分为自然物、猎牧、生活、生殖崇拜和神祇符号五大类。这些内容

---

① 李祥石.发现岩画[M].银川：宁夏人民出版社，2005：71.

②③ 陈兆复，邢琏.世界岩画Ⅰ·亚非卷[M].北京：文物出版社，2010：15.

一方面记录了当时特定的社会生产、生活方式，另一方面也反映了人类的精神世界与图腾崇拜。

岩画最主要的功能是记录当时的社会生活万象。有些学者根据岩画表现内容的不同，将岩画发展分为四个主要的历史时代：以描绘捕猎巨大动物为主的早期狩猎岩画、狩猎者和工具同时出现的后期猎人岩画、出现牛羊等农牧元素的牧人岩画，以及按公式设计的图样化岩画，即混合经济时期岩画。具体到不同地区，岩画所记录和表达的内容是不一样的。在欧洲，岩画的序列一般被划分为两个按年代编排的文化期，前一个时期是法兰克—坎塔布利亚的“狩猎者”岩画艺术，后来则是人们在“混合经济”时代创造的岩画艺术。

岩画不仅反映了当时人类的社会生产方式，也记录了人们生活的各种细节，包括衣着头饰，甚至婚姻制度及其由来都有涉及。比如中国岩画中人物形象的装饰，除了服饰、尾饰、头饰外，还有一些身体其他部位的装饰，如文身、耳饰、鼻饰等。[①] 此外，考古发现，中国新石器时代的一批岩画就是当时的婚姻法文本。这批岩画描绘了新石器时代早期的“天地映射”模式，展现了天上的自然上帝北斗(婚姻神)、日、月和地上的人类上帝北斗(婚姻神)，男、女相对应的映射结构。[②] 据说，中国先民发现了北斗阴阳合历自然规律，并将之作为宇宙的基本规律，他们认为人亦同此理，故按照这一规律制定了婚姻法度。

除了自然世界的面貌和社会生产、生活的图景，岩画还大量记录和反映了史前人类的精神世界。尽管早期人类对于自然有着大量的第一手知识，但是，他们对于自然界的运行规律并不知其所以然，对自然物的利用还处于原始阶段，更多的时候只能祈求超自然力量的护佑。正如维柯所说：“这些原始人没有推理能力，却浑身是强旺的感觉力和生动的想象力。”[③]

历史学家发现，图腾崇拜是史前人类精神世界的普遍现象，因为大多数原始部落相信，通过把某种有用的动物或植物作为本团体的图腾，树立种种偶像、象征，跳起模仿性舞蹈，可以使各种动物大量繁衍，丰富食物来源；同时，只要严格遵守有关图腾的种种规定，团体就能壮大，食物的来源就有保障。[④] 在史前人类看来，这一切全靠某些神力的支配，而与这些神力有着特殊联系的巫师、巫医就成为大量岩画的内容。比如

---

① 童永生.中国岩画中人物的服饰形式及特征考释[J].创意与设计，2015(4)：39.

② 李懎.中国远古婚姻与岩画婚姻法文本[J].寻根，2015(5)：15.

③ 维柯.新科学[M].朱光潜，译.北京：人民文学出版社，2008：158.

④ 斯塔夫里阿诺斯.全球通史[M].吴象婴，等，译.北京：北京大学出版社，2006：12.

法国三友洞里的“巫师”岩画，是最早描绘巫师的岩画作品，被称为旧石器时代“可怕的杰作”。画上是一个身披鹿皮、头顶一对牡鹿角的男子，脸像猫头鹰，长着两只狼耳朵，上肢似熊臂，拖着一条马尾巴。在我国岩画艺术中，以祭祀为主题的岩画创作也是非常广泛且至关重要的一部分。比如云南壤达来岩画中有一个“五人舞”，绘于一块凹面的岩石上，五人围着一个圆圈，脚紧贴着圆的边缘，手臂一上一下地弯曲，做出优美的舞蹈状；绕圈而舞的五人中有四人均是将身体部位涂实染红，唯有一人的身体部位是用线条勾勒镂空而成的，此人正是施展祭祀法术的巫师。①

岩画记录的这些祭祀活动，真实而充分地反映了远古时期人们的宗教信仰意识与当时人们的思维方式。其中很明显的是，史前人类对令人费解的超自然力量的恐惧和对人类能够控制它们的祈盼，成为岩画的重要内容。比如在我国贺兰山岩画中，总有一个跳跃的生命和发出呼唤的灵魂在支撑、维系着整幅图像，这就是贺兰山先民的太阳图腾崇拜。人面符号与太阳符号共同组成了一个完整的太阳图腾崇拜符号系统，这种符号系统是人类特有的能动地把握世界和认识世界的方法。② 在大多数研究者看来，岩画中这些类似的神话图式具有原始性、形象性和真实性。也正因如此，通过丰富图像的形式将远古人类的这些精神、意识和思考图形化、符号化、具象化，岩画就成了一种在史前世界和社会图景的描绘方面具有深刻文化意味的视觉阐述形式。

三、符号特性：以非语言符号为主体

在文字发明之前，将表达诉诸视觉的岩画是远古人类留下的最重要的符号记录。在世界各地的林壑之间、山崖之上，先民们遗留下来的大量岩画，正是他们运用视觉形象同自然、人以及超自然世界进行交流的符号。经过大量的对比和研究，学者们开始认识到岩石上的图像有一定的规则性、体系性和符号性。

在岩画创作过程中，远古时期的人们运用与所表达对象形似的线条组合来记录和传达信息。有学者试图在岩画创制和读取的具体情景中还原岩画作为符号的构建方式，在他们看来，当人类试图对不在眼前的动物或无法分离的肢体动作进行表述时，不仅需要在记忆中还原实体动物的“物象”，甚至需要用想象来虚拟动物的“影像”，并将其图像化以表达某种意义，从而实现从实物的物象表达到描绘的图像表达的转换。显然，这是将表达对象符号化的一种努力。

① 邓启耀.云南岩画艺术[M].昆明：云南出版集团公司，2004：139.

② 李祥石.发现岩画[M].银川：宁夏人民出版社，2005：204.

当然,在对实在的对象进行描摹或是对精神世界中的概念和意义进行表达的过程中,尽管岩画艺术已经表现出远古人类在艺术创作上生动、朴素和富于幻想的特色,但他们这种符号化的努力仍然不可避免地带有某种幼稚和粗糙的痕迹,他们使用的符号形式总体上仍然停留在非语言符号的范畴,还没有进入自由而成熟的文字符号的阶段。以符号学创立者索绪尔最早提出的符号结构来加以判断,语言符号这一符号类别的基本特点在于能指和所指之间的组合关系是任意的,他对此的一个著名论断便是:"能指和所指的联系是任意的,或者,因为我们所说的符号是能指和所指相联结所产生的整体,我们可以更简单地说:语言符号是任意的。"①也正是在此基础上,他说:"完全任意的符号比其他符号更能实现符号方式的理想;这就是为什么语言这种最复杂、最广泛的表达系统,同时也是最富有特点的表达系统。"②与此相对应,岩画中大量使用的图像符号的能指与所指之间的关系恰好与语言符号相反,其所指和能指之间的组合关系不是任意的,而是特定的,因此,这些图像符号总体上仍属于非语言符号的基本范畴。

当然,世界各地的岩画中,几乎都出现了由几何图形组成的抽象符号。这些符号有的是为了配合周围的那些具象的图形,其本身只是以抽象的方法表达某种意思,或记载某些事件。实际上,相对于人类 5 000 年左右的文明社会而言,长达数万年的史前社会是一个漫长的没有文字的历史阶段,在文字发明之前,人类曾使用过许多方法来帮助记事、表达思想和交流信息,反映在岩画中,各种图画记事和符号记事的形态和样式就显得异常丰富。也正因如此,英国图像学大师 E.H.贡布里希在《秩序感》中说道:"岩画研究中最令人感兴趣,同时也是最使人难解的,恐怕就是岩画中那些抽象的符号图形了。"

四、环境特征:媒介即信息

在岩画创作中,环境的选择具有重要的意义。原始人类完全生活在大自然里,他们所有的生存条件必须依赖于大自然的赐予。人类从一开始就与大自然结下了不解之缘,所以,岩画这种特殊的艺术与传播现象,与环境有着不可分割的联系,也往往特别注意特定环境的选择。根据表达内容的不同和作品功能的需要,岩画创作者刻意选择了用以作画的崖壁或岩石的环境条件和地理位置,并在特定的环境中营造自己进行

① 索绪尔.普通语言学教程[M].高名凯,译.北京:商务印书馆,1980:102.
② 索绪尔.普通语言学教程[M].高名凯,译.北京:商务印书馆,1980:103.

创作的氛围和意境。

环境的选择和岩画的功能是相互作用的。那些和周围环境协调一致的岩画，能够使其初始的功利目的得到更加完满的实现。这种实现的结果不断地影响着观看的人们，人们感受到岩画作品和环境在空间中的和谐一致，并且在狩猎、舞蹈、祭祀等活动中不断地强化这种感受，促使作品和环境的关系达到一种共同建构的状态。

从现在已发现的岩画遗址来看，只有零星作品的地点选择带有随意性、偶然性，而对于那些大型的、集中的岩画来说，对环境的有意识选择，已成为制作时不可忽视的一部分。不少岩画研究者记述自己观摩过的一些岩画，都位于环境优美、位置合适的地方，并由此而惊叹原始人的才能。不过，不同地域的岩画创作者在环境的选择上表现出不同的倾向，比如我国绝大多数的岩画点都是陡直的崖面、巨大的坡石或岩檐的遮蔽处，直至今日，还没有像欧洲旧石器时代的洞穴壁画那样，在很深的洞穴里发现过岩画。

在传播学者韦尔伯·施拉姆看来，“（关于）洞穴艺术，更可能的解释是为了教育：这些画作或许是成年礼中，部落将神话、图腾及意识传递给年轻族人的媒介。……正如中世纪的城市与新英格兰的村庄一样，最早的人类聚落都会在其所创造最美而最神圣的事物四周，留下可以传诸后世的信息：绘有壁画的洞穴接近旧石器时代人类生活中心的程度，就好像教堂对其他世代的人类一般重要。”①在施拉姆等人看来，置身于黑暗洞穴之中的法国拉斯科洞穴岩画，其重要的传播机制就在于长者可以要求学生爬过深坑与狭窄的通道，看见栩栩如生的巨大兽类图像而铭记在心，从而达到教育的目的。显然，在拉斯科洞穴中，岩画是传播的核心，而洞穴本身也对传播效果有重要影响，如果将同样的岩画转移到其他洞穴里或洞穴外，则可能无法实现同样的传播效果。

因此，在数万年前已经开始的史前人类的视觉传播活动中，岩画自身所依附的载体——岩石、洞穴等，也传递出一定的信息。岩石、洞穴作为媒介，在承载岩画之外，其自身的位置、形势、材质等也传递出丰富的潜在信息，为后人还原远古社会的生活提供了宝贵的素材。因此可以说，岩画这种媒介在数万年以前就向人类昭示了媒介发展的重要规律：媒介即信息。

20 世纪 80 年代初，在提交给联合国教科文组织的报告《世界岩画研究概况》中，岩画研究的代表人物 E.阿蒂纳教授深情地写道：“在文字起源之前，岩画包含人类智力的表现，人类以岩画的形式解释环境和它的各种现象，岩画带有感情的和个人的色

① 施拉姆.人类传播史[M].游梓翔，吴韵仪，译.台北：远流出版公司，1994：24-25.

彩，并能接触到人类内部和外部之间的各种关系。由于文字所提供的历史记录最多只是过去的 5 000 多年，所以对在此之前人们如何行动，他们的动机怎样，他们的宗教、观念和生活又是如何，我们只有少数的间接的认识。在一个广阔的文化延续中，进行彻底的研究，岩画中精致的细节和深刻的人类感情、信仰和态度，它能提供的历史记录超过了 4 万年。"①经过三四十年的研究积累，人类如今已经对岩画有了更为全面而深入的了解，但显然，要对数量如此庞大、类型如此丰富的史前图像进行理解和阐释，还需要更多精深的专业研究者付出更多的努力。

〔崔林，中国传媒大学电视学院教授、博士生导师〕

① 陈兆复，邢琏.外国岩画发现史[M].上海：上海人民出版社，1993：440.

论拉美媒体新闻报道呈现的中国国家形象

——以 APEC 期间拉美三国的涉华报道为例

On China National Image Presented in Latin American Press

—A Case Study of the Reports about China from Media of Three Latin American Countries during the APEC

◎ 吴炜华　刘枫铃　李　音

Wu Weihua　Liu Fengling　Li Yin

摘要：国家形象是一国外交的主要产物，也是衡量该国国际地位的重要指标。随着中国在国际事务中的影响力日益增强，对于新时期中国国家形象的关切具有其独特而深远的意义。本文选取亚太经合组织第二十四次领导人非正式会议期间厄瓜多尔、秘鲁和智利三国媒体的涉华报道，解读中国在拉美的国家形象，探讨其形成的原因并反思中国国家形象的塑造问题。

关键词：中国，国家形象，拉美

Abstract: The national image is the main product of a country's diplomacy, which it is also an important index to measure the nation's international status. With the increasing influence of China in international affairs, the concern about China's national image in the new era has its unique and far-reaching meaning. This paper interprets China's national image in media of Latin America by analyzing the reports about China from media of Ecuador, Peru and Chile during the 24th APEC Economic Leader's Meeting in order to discuss the causes of its generation and to reflect on the construction of China's national image abroad.

Keywords: China, national image, Latin America

"国家形象"概念的起源可追溯至古希腊时期修昔底德所谈及的雅典城邦国家对于"荣耀"和"声望"的追求。[①] 换言之，国家形象的构建意图在国家意识形成的过程中应运而生。演变至今，国家形象被划分为"国内形象"与"国际形象"，两者差异较大，前者强调民族个体对国家共同体的认知，后者则是国际社会对于一国政治、经济、文化、

---

① 杜雁芸. 国家形象的内涵及中国国家形象塑造[J].南京政治学院学报，2008，24(4)：60-63.

历史、现状等的综合感受,侧面体现了该国的综合实力与国际影响力。

20 世纪 60 年代,西方学术界涌现了大量对于国家形象的研究,其中不乏对于中国国家形象的描述与分析,而中国对于国家形象的关注、研究起步较晚。据统计,2000 年至 2016 年间,CSSCI(中国社会科学引文索引)数据库中关于国家形象的研究文献约为 400 篇,其中与“中国在拉美的国家形象”有关的文献数量为 0。① 究其缘由,拉美地区与中国的地理位置相距甚远,文化差异也较大,中拉关系在过去几十年间发展平稳却缓慢,从而造成彼此认知上的空白和局限。然而,进入 21 世纪以来,中拉之间高层交往频繁,政治互信程度加深,经贸、文化、教育等方面的合作也日益密切。关于中国在拉美地区的国家形象的研究有助于检视中拉双方的合作交流,对进一步建构和改善中国的国家形象有着指导性的意义。

本文以亚太经合组织(APEC)第二十四次领导人非正式会议期间厄瓜多尔、秘鲁和智利三国媒体的涉华报道为样本,旨在解读中国的国家形象在拉美媒体上的呈现,并结合中拉关系的发展脉络,从政治、经济等角度分析中国在拉美地区的国家形象的形成原因以及面临的挑战,并以拉美地区为例,提出国家形象建构的反思。

一、研究背景与意义

2016 年 11 月 17 日至 23 日,中国国家主席习近平应厄瓜多尔共和国总统科雷亚、秘鲁共和国总统库琴斯基、智利共和国总统巴切莱特邀请对上述三国进行国事访问,并于 11 月 19 日至 20 日出席在秘鲁利马举行的亚太经合组织(APEC)第二十四次领导人非正式会议。11 月 21 日,习近平主席在秘鲁出席 2016“中拉文化交流年”闭幕式,为期一年的中拉文化交流活动画上圆满的句号。习近平主席此次访问拉美,进一步体现了中拉双方携手打造命运共同体的美好愿景,也充分表明了中国对于发展中拉关系的高度重视。

尽管在国家层面,中拉双方互动密切,彼此尊重,然而中拉双方的相互认知程度仍有待提高。根据中国社会科学院 2007—2008 年关于“中国人心目中的拉美”的舆情调研结果显示,全国 2 648 名被调查者中,认为加拿大、新西兰、尼日利亚属于拉美的分别占 9.56%、5.21%和 10.99%,表示不清楚的占 6.27%。仅有 52.34%的被调查者知道西班牙语是大部分拉美国家的官方语言。而针对“提起拉美,你首先想到的是什么”

① 此为笔者分别以“国家形象”和“国家形象 拉美”为篇名检索词,对 2000—2016 年间发表的学术论文进行检索的结果,但不排除存在以拉丁美洲地区某个或多个国家为篇名的相关论文。

这一问题，大部分被调查者的选择为足球(68.13%)、桑巴狂欢节(70.43%)。[①] 由此可见，中国人对于拉美地区的整体认知水平低，缺乏深度和广度，仅停留在较为粗浅的层面，甚至得到过错误的信息。而拉美地区的人民对于中国的认知水平也不高。以巴西为例，约有 35%的民众表示对中国文化有所了解，半数以上的巴西人有意愿与中国人交往。[②] 美国皮尤研究中心 2013 年的调查数据显示，拉美人对中国持正面态度的比重为 59.2%，平均有 54%的受访者将中国视作合作伙伴，但是同样有超过半数的受访者认为中国没有考虑其国家的利益，其中尤以阿根廷和智利最为突出。[③]

随着 2016 年美国大选落幕，中拉关系将在新时期迎来巨大的变化。因此，亟待了解中国在拉美地区的国家形象，分析其形成的原因，并采取措施进一步提升中国的形象，以发展经济政治新环境下的中拉友好关系。

三、拉美媒体中的中国国家形象

由于习近平主席在 APEC 领导人非正式会议期间对智利、秘鲁和厄瓜多尔三国进行了国事访问，因此本文选取智利《信使报》(*El Mercurio*)、秘鲁《商报》(*El Comercio*)和厄瓜多尔《商报》(*El Comercio*)(均为三国最有影响力的媒体之一[④])的报道作为样本进行分析，具有较强的代表性与解释力。基于上述三家媒体的网页版，将时间范围设定为 11 月 14 日至 11 月 25 日，[⑤]以"中国(China)"为关键字进行检索，智利《信使报》共有 38 篇相关报道，秘鲁《商报》有 39 篇相关报道，厄瓜多尔《商报》有 33 篇相关报道。与上个月同时段(10 月 14 日至 25 日)相比，三家媒体涉及"中国"的报道总数量翻了一番[⑥]，新闻报道形式也更加多样。

---

① 郑秉文，刘维广. 中国人心目中的拉丁美洲——中国社会科学院国际问题舆情调研结果分析[J].拉丁美洲研究，2008，30(5)：31-40.

② 中国外文局对外传播研究中心课题组，姜加林，于运全，黄廓，张楠. 中国国家形象全球调查报告 2013[J]. 对外传播，2014(1)：24-26.

③ 郭存海. 中国的国家形象构建：拉美的视角[J].拉丁美洲研究，2016(5)：43-58.

④ 根据智利国家电视委员会发布的《聚焦媒体报告 2015》(*Informe Concentración Media* 2015)、无国界记者组织 2015 年发布的关于秘鲁的《媒体所有权观察》(*Media Ownership Monitor*)以及厄瓜多尔洛哈科技大学 2011 年出版的《厄瓜多尔媒体企业年鉴》(*Anuario de las Empresas de Comunicación de Ecuador*)的统计数据表明，智利《信使报》、秘鲁《商报》和厄瓜多尔《商报》分别为三国发行量最高且最具影响力的媒体之一。

⑤ 秘鲁 APEC 领导人非正式会议于 11 月 19 日至 20 日举行，检索设定的时间范围以习近平主席访问拉美的日期(17 日至 23 日)为基准，前后延伸两天，以涵盖习近平主席访问智利、秘鲁和厄瓜多尔三国的前期和后续报道。

⑥ 10 月 14 日至 25 日，智利《信使报》、秘鲁《商报》和厄瓜多尔《商报》三家媒体的网页版中涉及"中国"的报道总数量为 52 篇。

在报道内容上,这些新闻报道主要与经济、政治(包括 APEC 峰会)、习近平访问、社会生活文化和科技体育等内容相关,其中以经济金融比例最大,智利《信使报》经济议题占 34%,厄瓜多尔《商报》占 39%,秘鲁《商报》的经济金融、政治、习近平访问和社会生活议题比例相当,各方面报道较为全面。占比次之的内容与习近平访问相关,智利《信使报》为 24%,厄瓜多尔《商报》为 30%。

在稿件来源上,秘鲁《商报》39 篇稿件中,有 15 篇来自西方通讯社,2 篇来自中国的 *China Hoy* 杂志,22 篇为报纸原创稿件,其中 1 篇为习近平出访署名文章;智利《信使报》38 篇稿件中,有 14 篇来自西方通讯社,24 篇为报纸原创稿件,其中 1 篇为习近平出访署名文章;厄瓜多尔《商报》33 篇稿件中,12 篇来自西方通讯社,21 篇为报纸原创稿件。三家报社有一个共同性在于,所有涉及社会、民生、体育、科技文化和灾难事故的文章,均来源于西方通讯社,且以西班牙埃菲社为主。

表 1

	智利《信使报》	秘鲁《商报》	厄瓜多尔《商报》
经济金融	13	9	13
政治	4	8	4
习近平访问	9	11	10
社会生活文化	7	8	3
科技体育	2	2	1
灾难	3	1	2
总计	38	39	33

(一)正面形象分析

三家拉美媒体中的中国形象,整体来说是正面的。三家媒体均用"强国""经济大国""领导力""世界第二"等词汇形容中国,智利《信使报》社论高度评价中国在贸易保护主义抬头和美国可能退出 TPP 的形势下,率先宣告"不会关闭大门,并将大门向更多领域敞开"的领导者行为;厄瓜多尔多篇专家采访稿强调,需要打开与中国的贸易市场,习近平的访问加深了两国的贸易合作;秘鲁突出中国的电子商贸成就,展望两国贸易交往前景,从基础设施建设到能源领域合作,表现出正面积极的态度。三国都采用了信息图表的形式,大篇幅介绍了中国和其本国的贸易往来以及近几年的贸易增长。

此外,三家媒体都多次引用习近平的发言作为全文主题,秘鲁《商报》和智利《商报》发表了习近平出访署名文章。三国都盛赞习近平到访，在APEC峰会上将习近平称为会议的“主导者”，赞赏习近平要求“深入扩大自由贸易区”的强有力发言，并称赞习近平演讲以当地特产为修辞，赢得一片掌声。

此外，三家媒体对中国社会的报道，例如大熊猫保护、中国推广功夫足球以及中国的航空业发展，都倾向于营造较为良好的中国形象。

(二)负面形象分析

负面形象的报道并没有占据多数，主要集中于对中国深入本国市场的担忧，强调中国经济下滑、中国社会的浪费问题和民主管控问题等。

首先，厄瓜多尔在一篇经济分析文章中指出，中国和厄瓜多尔的贸易不平衡加剧，要求中国对厄瓜多尔农产品降低关税并考虑对中国外来资本增收关税；三国都对中国经济下滑是否会影响本国未来经济持有疑问；此外，拉美国家还对中国近10年来逐渐成为本国最大的债主之一表示担忧；智利《信使报》报道了“双11”之后中国社会快递垃圾严重的现象；中国目前是世界上最大的污染国家之一，应该率先履行应对气候变化的承诺。

(三)客观形象分析

三家媒体对中国形象的客观报道所占比例基本过半，首先对于习近平的访问议程，三国报道均比较客观，包括双方元首会面讲话，两国签署的协议和习近平出席的一系列活动；三国都在此期间撰写了两至三篇经济贸易分析文章，其中包含对各学者和专家的采访，侧重于陈述两国贸易的发展和现状；一些文章关注中美关系走向与特朗普未来的经济政策，例如智利《信使报》针对是否应维持TPP和加强与中国的合作，建立更为深入广阔的自由贸易区做了冷静的分析比较；此外，凡引用的西方通讯社发布的对中国国内的报道，都是客观陈述，并未加入主观感情判断。

三、中国形象的成因分析

根据上述分析，拉美媒体所呈现的中国国家形象以正面和客观形象为主，其中秘鲁《商报》的倾向最为明显。涉及负面形象的讨论尽管存在，但不构成极为严厉的批判或指责。结合当前的国际政治经济局势，可对中国在拉美媒体中的国家形象的形成原因作出以下解释。

(一)经济上的依赖性

中国与拉丁美洲的经贸往来起步于改革开放初期,至 2014 年,双边贸易已突破 2 636 亿美元,相当于 2000 年双边贸易量的 21 倍。[①] 自 2003 年中国对全球大宗商品需求量上升,以初期产品出口为主要发展模式的拉美国家受益匪浅。近几年,中国对拉美的投资呈现越发多元化的趋势,涉及能源、基础建设、金融等领域。据统计,尽管双方之间的贸易增速有所放缓,但是中国仍然是拉美地区的第二大贸易伙伴,也是该地区的第二大进口来源地和第三大出口市场。其中,中国是巴西、智利、秘鲁的第一大贸易伙伴和第一大出口市场。

中拉贸易近年来呈现出增长迅速、投资扩大的趋势,拉美国家对于中国产品和资金的依赖性也进一步提高。由于大部分拉美国家经济中存在结构性缺陷,中拉贸易之间存在一定的不对称性,但中拉贸易往来并非所谓新型依附关系的源头,[②]而是一种相互依存的合作模式。拉丁美洲资源、农产品丰富,中国资金实力雄厚,基于平等互利原则建立的合作关系将使双方实现优势互补、共同发展。据美洲对话组织(Inter-America Dialogue)统计,2015 年中国向拉美国家提供的贷款高达 290 亿美元,其中,阿根廷、巴西和厄瓜多尔获得了 34%的中国贷款。且过去十年间,中国对拉美地区基础设施和能源的投资超过了其他任何经济体,这一举措不仅弥补了拉美投资不足的现状,使中国赢得了许多拉美国家的好感,同时也彰显了中国在拉美地区共谋发展的正面大国形象。

(二)外交姿态的摇摆

自 19 世纪 20 年代提出"门罗主义"以来,美国通过建立自由贸易协定,试图干涉或控制拉美各国的国家事务和发展进程。为了应对美国在拉美地区的霸权政策,拉美各国积极推进地区一体化的进程,建立了诸多一体化组织并将美国排除在外,包括拉美自由贸易协会、中美洲共同市场、安第斯共同体等。这些组织具有鲜明的地区保护主义色彩,强调的是自主自立的经济发展模式。随后,80 年代的经济危机导致整个拉美陷入严重的经济衰退,拉丁美洲的一体化进程有所停滞,"新自由主义"乘虚而入,美国借解决危机之名再次将触手伸向拉美。尽管近十年拉美左翼政治力量崛起,反美情

① 商务部.中国拉美经贸合作形势[EB/OL].(2015-12-14)[2016-08-22].http://mds.mofcom.gov.cn/article/zcfb/201512/20151201209418.shtml.

② 詹金斯,郝诗楠.拉丁美洲与中国:一种新的依附关系[J].国外理论动态,2014(2):65-73.

绪渐高，各国之间也进一步加强区域合作和团结，但是拉美仍然无法从根本上摆脱美国在政治、经济和文化上的深远影响。

为了适应国家局势的变化、寻求自主发展的道路，拉美国家不断调整对外关系，积极推进与欧盟以及亚太国家的双边或多边关系，试图扩大国际影响力。① 2016 年美国大选尘埃落定，特朗普当选意味着美国新保守主义的兴起。特朗普高举“贸易保护主义”和“排外主义”的大旗，或将对拉美国家产生全方位的冲击。无论从经济利益还是国家战略角度出发，与中国维持友好关系都是新时期拉美多元化外交政策的重要选择。中国外交政策的核心理念为“和平与发展”，中国重视加强同拉美大国的战略合作，积极建设更加合理公正的国际新秩序，维护发展中国家利益，共谱合作共赢的新篇章，因此在拉美获得了较高程度的认可与信任。

毫无疑问，拉美国家与美国的历史、经济、政治和社会渊源难以切断，而与其他国家(尤其是中国)的关系也是拉美发展新型外交关系的关键，在大国力量之间摇摆而求生存的外交姿态是拉美新时期外交的主要特点。

四、结论与反思

媒体作为构建国家形象的重要手段，具有较强的话语影响力与舆论引导力。通过梳理海外媒体有关中国的报道来分析中国的国际形象，是了解国家形象的有效渠道之一。② 本文对于中国国家形象的分析显示，中国目前在拉丁美洲媒体中的国家形象正面评价多于负面评价，认同多于质疑，其形成原因与中国的综合国力增强、中拉互动程度加深、拉美地区面临的挑战有着密切联系，也从侧面体现了中国对拉美采取的外交政策逻辑的正确性以及国家形象塑造的有效性。

本研究虽力求严谨，但是限于各方面的因素，仍存在以下局限性：

第一，拉丁美洲常常被看作整体进行研究，但是 34 个国家和地区特色鲜明，与中国的外交、经贸等关系参差不齐，不可一概而论。因此，鉴于本研究仅以智利、秘鲁和厄瓜多尔三国媒体的报道为样本进行分析，无法覆盖拉美各国媒体呈现的国家形象，也不能代表中国在某一拉美国家的国家形象。

第二，本文以媒体报道作为研究的基础，强调的是官方话语下的国家形象呈现，并

① 苏振兴.2009 拉美黄皮书——拉丁美洲和加勒比发展报告(2008—2009)·拉丁美洲[M].北京：社会科学文献出版社，2009：112-113.

② 吴飞，陈艳.中国国家形象研究述评[J].当代传播(汉文版)，2013(1)：8-11.

未涉及大众角度的分析。事实上,民众对于新闻报道的解读与个人生活体验有着直接的联系,而中国企业、商品乃至华人都会对大众话语下的中国国家形象产生潜移默化的影响。问卷调查、网友评论、民族志等可以弥补国家形象分析中对于大众话语考察的缺失。

第三,由于研究所取的样本量不大,所以本文仅可看作特定时期中国在拉美媒体中的国家形象的分析,以共时性为重点,暂不考虑国家形象的历时性演变与发展。

基于本研究的分析结果,拉美媒体对中国的关注主要集中于经济方面,缺乏对于中国社会的全方位了解,且仍存在相对负面的报道。对于被西方殖民者长期掠夺自然资源的拉美而言,面对与中国越来越频繁的贸易往来时,难免对自我命运产生担忧。此外,西方媒体的报道是拉美了解中国的重要渠道,而拉美本身缺乏对中国的主动了解。以习近平出访三国期间为例,除习近平出访署名文章被发表于智利的《信使报》和秘鲁的《商报》之外,三家媒体未采用任何新华社的稿件,而对以埃菲社为首的西方通讯社的稿件的采用量接近其报社稿件量的一半。据笔者统计,以整个拉美地区为例,西语媒体在习近平主席出访期间(11 月 15 日至 23 日),全文采用新华社西语稿件的数量仅为 18 篇,以厄瓜多尔政府机关报《电讯报》(*El Telégrafo*)、秘鲁安第斯通讯社和墨西哥《日报》(*La Jornada*)等媒体为主。由此可见,中国媒体在拉美地区的国际传播影响力还远远不够。

综上所述,拉美新闻界对中国的态度总体友好,但是由于认知不足,且受西班牙、美国等西方媒体的影响较深,对中国存在一定的误解。面对这一现状,中国应通过广增驻外媒体机构、提升媒体覆盖率、提高海外媒体从业人员的素养等,弥补与西方媒体的影响力逆差。此外,提升文化“软实力”,以大众感知作为切入点改善中国的国家形象也是未来国家形象建构的要义,而建构中国国家形象的举措与政策讲求“先破后立”,应先对中国的“刻板印象”进行解构,才能实现国家形象的真正提升。毕竟,国家形象的塑造是漫长而持久的过程,具有极大的现实意义且影响深远。

〔吴炜华,中国传媒大学电视学院教授、博士生导师;刘枫铃,中国传媒大学电视学院 2015 级硕士研究生;李音,清华大学社科学院 2012 级博士研究生〕

文化与批判

2016年中国媒介盘点

Review of the Chinese Media in 2016

◎刘 宏 周 婷 张 叶 张 昕

Liu Hong Zhou Ting Zhang Ye Zhang Xin

摘要:本文在盘点2016年中国媒介的发展变化的过程中产生了一种看法,即主流媒体和社交媒体的冲突实际上反映了所有的媒体都需要重新发现自己的受众,或者说了解受众的现状。从历史角度来看,媒体并非天然拥有读者和观众,媒体的发展过程本身就是一个不断发现自己的受众的过程。新媒体和社交媒体可以说给我们提供了更多的发现受众的机会和平台,我们需要利用这样的机遇来重新发现我们的受众。这种看法贯穿本文对2016年主要媒介发展的梳理。除此之外,本文还试图全面地分析2016年中国媒介的发展,尽可能用新的学术视角来解读一年来的变化。

关键词:新媒体,电视,真人秀

Abstract:From the review of Chinese media in 2016, this article found a view that the conflict between the mainstream media and the social media actually reflects that all the media need to rediscover their readers, or the audience. Historically, the media does not have readers and viewers naturally. The development of media itself is a constant progress of discovering their own audience. New media and social media provide us with more opportunities and platforms to discover readers, and we need to take advantage of this opportunity to rediscover our readers. This view continued throughout this article's exploration of the development of main media in 2016. In addition, this article also try to give a comprehensive evaluation on the Chinese media's progress that took place in 2016, and to interpret the changes over this year from a kind of new academic view .

Keywords:new media, television, reality show

2016 年看上去是中国媒介和世界媒介真正接轨的一年，过去我们经常说的接轨往往是指中国搭上了全球化的列车，但是，我们在这里使用的“接轨”一词有不同以往的含义，就是中国媒介和西方发达国家的媒介发生了类似的变化。这种变化表现在社会媒体或称社交媒体进一步挑战主流媒体方面，并使得所有媒体都需要重新发现自己的读者和观众。产生这种结果不仅仅是由于媒介技术的发展，还有一些深层的社会原因。

一、新闻:重新发现自己的受众

我们也许可以把人类的媒体史视为一部媒体寻找受众的历史，虽然中间也有媒体和它的受众相互脱离的时期，不过，总体来说，媒体和受众的关系一直是鱼和水的关系。而那些我们称之为非媒体的媒介则似乎走了一条相反的道路，其发展表现为消费者寻求媒介的过程。在很长一段时间里，绝大部分媒体都想当然地认为自己在办一个面向所有人的媒体。也就是说，他们相信所有人都会喜欢阅读、收听、收看他们的媒介。但是，这种想法后来受到了激烈的挑战，媒体不得不确定他们的受众。

最近几年，中国主流媒体的走基层报道做得有声有色，形式越来越多样，频率越来越高，且不只体现在央视的街头主题采访中，还反映在新闻记者越来越深入社会，不是基层有了事件才到场，而是力图找到新闻的基层视角，真正做到平视。值得关注的是，新闻界的走基层实践并没有停留在一种行政指导下的短期行为上，而是变成了一种持久的社会实践。于是，我们在 2016 年看到了这方面的更多发展，有民众在媒体设置的电话亭里诉说愿望，有感人的基层故事，还有传统媒体提供给基层民众的新媒体表达平台。新闻记者走基层不仅仅是对马克思主义新闻观的践行，同时，也是重新发现媒体受众的一种有效方式。

央视历届奥运会开幕式直播的解说给观众的印象都是朗读体，非口语化，缺乏个性，缺乏互动。从 2012 年伦敦奥运会开始，央视在体育频道和新闻频道首开两种不同版本的解说，新闻频道由新闻评论员白岩松负责解说。在 2016 年巴西奥运会开幕式的解说中，白岩松一改朗读体的解说方式，一定程度上实现了“解说词的直播”，白岩松幽默的解说也包括了对巴西奥运会的知识传播，由此，白岩松被网友们捧为“国家级的段子手”和“自带弹幕的解说员”。不过，问题是为什么让白岩松解说里约奥运会开幕式，这不是他第一次担当主力。这说明央视体育主持人后继无人，还是白岩松太重要了？很多人知道白岩松喜欢体育，也知道他是央视著名的记者型主持人，问题是，相当长的一段时间内，没见他主持国内的重大政治事件报道，反而连续担任了央视的奥运开幕式解说。

2016 年有几个大的新闻事件和小人物有关，比如魏则西。魏则西事件引发了网友对百度的谴责。知乎是这个新闻事件的舆论发源地，起因是魏则西本人在知乎上发表了他的求医经历。一般的逻辑是大数据会自然产生公共性，在魏则西事件上，百度的大数据破坏了公共性。即便我们说大数据本身有管理学背景，即便大数据可以带来天然客观性，但是，这些都不足以限制大数据的商业性。从这个事件中我们也可以看到主流媒体的介入方式，网络新闻出现以后，主流媒体的介入模式发生了微妙的变化，许多新闻事件都是先在网上披露的，而后主流媒体跟进。这时，主流媒体主要起两个作用，一是确认新闻的真实性，二是重新定义新闻事件的意义。而在过去，主流媒体“不说话”，非主流媒体就“不敢说”，更不用说非媒体了。

二、纪录片：向青年人倾斜

纪录片《运行中国》的主持人是一个西方人，同样的素材从他的视角来看，内涵就明显不同；若换成中国的电视主持人，往往就会变成传统的成就报道。这是因为东西方思维不同吗？

《我在故宫修文物》是由叶君、萧寒执导，中央电视台出品的纪录片，一共三集，第一集讲述青铜器、宫廷钟表和陶瓷的修复故事，第二集是木器、漆器、百宝镶嵌、织绣的修复故事，第三集为书画的修复、临摹和摹印。该片在央视纪录频道播出后，反响一般，但却在年轻人汇聚的弹幕网站“哔哩哔哩”上得到了热烈的追捧，点击量近 400 万，弹幕数量也近 10 万。而《我在故宫修文物》大电影作为纪录片衍生电影在院线上映后，在排片率不高的情况下，最终收获 643 万的票房。

一部纪录片能够引起如此大的关注，除了纪录片中的匠人精神打动了观众之外，在具有交流和分享功能的弹幕网站上播放节奏相对缓慢的纪录片时，弹幕上有趣的交流、评价以及对内容的解读和科普会给观看的过程带来乐趣，这个过程其实也在一定程度上改变了纪录片所传递的内容。

然而值得我们思考的是，为什么这种网络热度无法转换为院线中观众的购买力呢？为何在网上关注这部纪录片的观众不愿意购买一张电影票？在弹幕网站上观看纪录片时，观众能获得一种特殊的体验，而影院无法复制在弹幕网站观看时热闹的氛围，因此纪录片在影院遇冷也就不难理解了。

还有一个问题,纪录片是青年人喜欢看的一种影视作品吗?年轻人喜欢到电影院去看电影,这一点在中国非常明显,但是,他们显然还不习惯在电影院里看纪录片。现在,纪录片被划分为电影纪录片和电视纪录片,很多人想当然地认为应该在电视上看纪录片,电影纪录片则代指西方极少数的纪录大片。这种情况很容易让人联想到中国早先的新闻电影,那时候的观众都是在电影院观看中央新闻电影制片厂制作的新闻电影,它类似于今天央视的《新闻联播》节目。当时在电影正式放映前,影院会先放映新影厂的纪录片,如今这个时间段给了广告。当今大部分人都认为纪录片是一种小众产品,主要的原因就是文化门槛,通常来说,受教育水平越高的人越容易接受纪录片,那么,教育和年龄究竟哪一个对纪录片的观众影响更大呢?当年轻人的受教育水平越来越高时,这个问题的答案似乎不言而喻了。也就是说,教育依然起着重要的作用,毕竟纪录片也不是中老年观众喜爱的媒介产品。

2016年上映的电影纪录片《舌尖上的新年》耗时整整14个月,走访了全国35个地方,拍摄了60多种“年味”,投资了1 200万。虽然有《舌尖上的中国》的观众基础,电影却也没能获得高票房,仅有2%左右的排片,收获了仅193.5万的票房。虽然通过与视频网站的版权合作,收回了一部分投资,但与《舌尖上的中国2》整体广告盈利达到2.5亿相比,这部电影纪录片的市场表现并不尽如人意。

由陆川执导、周迅担任中文解说的动物纪录片《我们诞生在中国》由迪士尼公司投资,以中国三个野生动物家庭为故事主线,讲述了大熊猫、雪豹、金丝猴三种中国珍稀野生动物的成长故事。据统计,《我们诞生在中国》以2%左右的排片量最终获得了6 654万的票房,即使有著名导演和明星参与制作,也依然无法改变其低排片的困境,票房也远低于同期上映的其他电影。

三、电视剧和电影:它们是现实和历史的一面镜子吗?

如果一个西方媒体的记者只是通过中国的“抗日神剧”和宫斗剧来判断今天的中国人,特别是青年人的成长状态,他一定会觉得很困惑。因为把一些电视剧和电视节目当成研究当代中国的范本,显然会出现跨文化传播中的误读。毕竟绝大部分西方观众都不会看到中国的电视剧,反而是记者有可能出于观察中国的目的,比较快地接触到这些中国电视剧和电视节目。因此,也许更合理的研究方式是,通过研究一个社会,来分析它的电视剧或者电视节目的形成。

2016年最火的电视剧除了跨年的《芈月传》,便是《欢乐颂》了。《欢乐颂》在东方卫视和浙江卫视首播之后，成了电视剧跨屏霸主。不同于《琅琊榜》和《芈月传》的历史背景，《欢乐颂》是以都市单身女性的生活为题材的电视剧，时尚元素多是此剧火爆的一个原因。

《欢乐颂》的成功还与山东影视传媒集团的优良制作密不可分。这一影视制作公司旗下有《琅琊榜》《伪装者》《北平无战事》《红高粱》《父母爱情》等作品，制作水准高，在业内具有较大的影响力。

IP 是知识产权(Intellectual Property)的简称，当下，中国的影视产业 IP 主要指向文学小说，尤其是网络文学小说。IP 的概念很流行，但是它却没有恰当的中文翻译。想做好 IP，母题很重要，目前我们对母题的研究并不够，这涉及内容生产的源头。如今都在说创新，没有内容创新，只有形式创新，显然是不行的。

2016 年，IP 电视剧热度未减，IP 改编的热潮一方面说明当下人们对知识产权的重视，另一方面也说明正式通过出版商发行的优质文学越来越少，而网络文学的成本相对较低，发行的可行性更高。在用网络小说 IP 改编的仙侠类、谍战类、古装类、偶像类电视剧霸占各大卫视的时候，《中国式关系》可谓一枝独秀。该剧以政府官员马国良与“海归”江一楠的关系为切入点，关注了官场、商场、情场、家庭等社会关系。编剧花费三年的时间打磨剧本，加上陈建斌和马伊琍的出色表演，可谓诚意之作。

电视剧《好家伙》改编自兰晓龙早年小说《零号特工》，该剧以抗日战争为背景，讲述了皖南事变后的传奇故事。《好家伙》在制作上很用心，然而在北京卫视首播后收视率平平，观众对其评价也是两极，在剧情上，有很多观众反映看不懂。谍战剧本身就比较“烧脑”，作为以男性为主要角色的谍战剧，该剧西部色彩浓厚，人物对白较长，所指比较隐晦，触及信仰、生死、命运等深度话题。对电视剧观众来说，看这样一部超过 40 集的电视剧太“烧脑”，这种剧情若设置在一部电影中会比较合适。通常，“抗日神剧”是把复杂的东西简单化，并不缺乏观众；而《好家伙》反过来把简单的事情复杂化，变成了一部“烧脑”的抗日剧。但是，如今年轻人很少在电视机前看电视剧，所以，此剧对主力观众——老年人来说难以理解。

2016 年，“先网后台”模式进一步发展。所谓“先网后台”，就是一部电视剧首先在互联网视频网站上播出，之后再登陆电视荧屏。这和传统的播出模式正好相反，过去电视台是强势一方，电视观众是电视剧的主要收视群体，电视台播出的电视剧有了影响后，才会吸引网络观众。如今电视观众和网络观众形成了对比，电视观众以中老年人为主，而网民则以年轻人为核心，因此“先网后台”的电视剧往往是青年人喜欢的，而“先台后网”的电视剧则更多是中老年人喜欢看的。“先网后台”这种模式能够让影视剧在电视台播出前就获得关注，但是，提前透露剧情可能会给收视率带来冲击。《青云志》《老九门》《鬼吹灯之精绝古城》都是采用“先网后台”的模式播出的。《遇见王沥川》也是先在乐视网站会员频道播出，一个星期后才登陆安徽卫视播出。

值得注意的是，这些采用“先网后台”模式播出的影视剧在电视上大多采用周播剧的形式，无论是湖南卫视还是其他省级卫视，它们对待周播剧的态度都是试水，毕竟这类题材对主流电视观众的吸引力相对较小，而对年轻观众的吸引力相对较大。因为视频网站的受众主要是相对年轻的群体，能够最大限度地转化为电视剧的固定收视群体。从电视文化的角度看，青年中更容易产生具有一定规模的粉丝群体，这对“先网后台”模式有相当大的影响。

四、电视节目:为社会代言

社会代言基本上有两种模式，一种是你很有观点，成为意见领袖，你说出了很多人不敢说或者说不出的话，于是，这些人选择你作为他们的代言人。另一种是你没有什么观点，但是你有发言的渠道，或者说你置身于某些群体和阶层当中，你为他们代言。金星就属于后者。2016 年，金星把她的影响力扩大到了一个新节目《今夜百乐门》中。

《王牌对王牌》是浙江卫视推出的原创室内竞技真人秀节目，节目共 11 期，主持人是沈涛，由明星嘉宾们组成两支队，由队长带领对战，形式是通过才艺比拼和游戏竞技决出王牌中的王牌。作为棚内真人秀，《王牌对王牌》并未脱离《天天向上》等老牌棚内节目的影子，甚至在游戏环节上雷同，缺乏创新。

《我想和你唱》是湖南卫视推出的一档全新的大型互动音乐综艺节目，节目共 11 期，每一期都会邀请三到四位歌坛巨星来跟网友合唱，网友可通过芒果 TV、唱吧、小咖秀等客户端参加合唱，获赞数最高的网友将有机会到现场参与录制，与明星合唱。节目亮点在于通过新媒体进行直播，节目形式更具互联网性质，互动性更强，拉近了明星和网友之间的距离，主持人汪涵和韩红的搭配也为节目加分。

五、新媒体:算法革命

2016 年的央视春晚首次采用了一个主会场和东、南、西、北四个分会场的形式，扩大了春晚舞台的空间。主会场的舞台由 135 块可升降的地屏组成；分会场中让观众印象深刻的当属广东分会场的《冲向巅峰》节目，节目选择了 540 个智能机器人和 29 架无人机作伴舞，这在春晚历史上也属首次。但形式炫酷并不代表这届央视春晚有可以传唱的歌曲和令人印象深刻的小品。

按理说，央视春晚的时长很适合观众吐槽，甚至有时候春晚吐槽比春晚节目更好看。不过，现在有了一个更轻松的观众互动方式，就是红包。2016 年，热烈的抢红包活动在一定程度上减轻了春晚的节目压力。如果说包饺子、看春晚已经变成了很多中国人的除夕习惯，那么，如今这个风俗名单上又增加了抢红包。

2016 年被称为“网络直播元年”，这一年间出现了不少“网红”，“网红”这个词汇甚至也被官方接受了。4 月 12 日，北京新媒体集团推出了“北京时间”新闻直播客户端，每小时进行资讯盘点，并启用了 18 位科班出身的女主播进行及时播报。在里约奥运会期间，该客户端共完成直播节目内容生产约 5 700 分钟，日均围观人数达到了 60 万。2016 年“一带一路”媒体合作论坛开幕式上，《人民日报》推出“人民网红”，通过网络微直播形式全程与网友互动。

移动直播极大地降低了直播的门槛，节约了视频节目制作的成本，记者在现场只需要一部手机就可以完成直播。

但是移动直播究竟能够走多远呢？

短视频可以说是 2016 年互联网创业最热门风口之一，“2016 年网红第一人”Papi 酱运用快语速的变声进行吐槽，尖锐地回应社会热门现象，娱乐式地解构社会事件和人物，在短短几分钟视频中呈现大量原创信息，风格特色显著。由此，短视频不再是文字报道的附属，它符合碎片化传播的要求，“短、快、碎”的特点使其迅速风靡整个网络。

值得关注的是，付费问答在 2016 年开始兴起，环节包括“分答”“值乎”“在行”，对知识进行付费的应用越来越多，微博也参与其中。但是，让知识分子兴奋不已的知识付费时代并没有如约而至，它只是有名人参与的昙花一现。

2016 年新媒体的另一个焦点是人工智能。在 3 月上演的“人机大战”中，韩国围棋名将李世石以 1∶4 的成绩不敌 Google DeepMind 开发的人工智能程序阿法狗（AlphaGo）。阿法狗战胜围棋大师时，计算机已经显露出一点点人性的光辉，这主要表现在智能学习方面。与此同时，我们不得不反思的是，人类似乎在做反向运动，工具理性好像让人性越来越机械化，很多人又开始相信“皮下注射论”。在这个时候，人类仿佛和机器人互换了角色，间接地承认了机器人在将来会变成比人类更高级的存在。

机器人新闻所涉足的领域大都和数据有关。虽然机器人新闻代替了记者的一部分劳动，但在报道的深度上仍然无法击败记者。“今日头条”客户端对传统的新闻业造成了不小的冲击。传播学的“把关人理论”来自于对传播者的研究,而现在的计算机算法革命看上去给我们带来了技术新闻学,“把关人”的工作可以部分地由程序来完成。这听上去是可能的,且显然不是要用机器人取代新闻记者,而是说那些越来越出色的算法和程序可以不知疲倦地屏蔽某些错误,不仅仅是错别字的校对。这在一定程度上颠覆了传统的新闻编辑部概念。以往,旧媒体引以为豪的是他们有一个出色的新闻编辑部,而现在,新媒体试图用算法新闻学来取代编辑部新闻学。换句话说,新媒体做的是“去编辑部化”,用媒介平台概念来代替编辑部,用人工智能来替换“把关人”。

虽然机器人已经可以击败围棋世界冠军,但是,这并不意味着人工智能现在就可以打败最优秀的新闻记者,因为新闻记者并不是以输赢作为行业目标的。同时,就目前而言,电脑并不是整体击败人类,比如说,虽然电脑有针对性地击败了围棋高手,但是,人工智能的这种成就并不能全面推广。在新闻领域,机器人可以写简单的新闻,甚至帮助“今日头条”这样的客户端来整合新闻,不过,机器人依然没有新闻记者的情怀和立场,就如同电脑不能体会棋手对弈的快乐。

2016 年传统媒体人的跳槽多为转型到新媒体中。在此之前也有类似的情况,但是没有引起足够的关注,因为很多人还是用传统的观点来看这样的吐槽,即认为离开了传统媒体,这些曾经的媒体人很难再有所作为,理由是他们的舞台是旧媒体,并且,传统媒体一直是具有垄断性的行业,而新媒体虽然长期以来被称为媒体,但并没有很强的媒体特征。然而,今天我们不得不正视这种吐槽,一方面,传统媒体确实在逐渐衰落,它的垄断性在逐年下降;另一方面,媒体人的光环正在褪色,新媒体正在向大传媒行业发展。

〔刘宏,中国传媒大学电视学院教授,博士生导师;周婷,中国传媒大学博士研究生;张叶,中国传媒大学硕士研究生;张昕,中国传媒大学硕士研究生〕

地铁中国、媒介空间与公共理性的涵化

Subway China, Media Space and the Cultivation of Public Reason

◎ 薛 龙 陈 红

Xue Long Chen Hong

摘要：本文基于城市传播的理论框架，把地铁看作一种媒介，地铁编织起了城市网络并使自身成为建构关系的场所与空间。作为交通系统、媒介空间与表演舞台的地铁，以“中介化实践”的方式在不同主体间建立起了连接传输、交往互动与意义共享，基于地铁媒介的移动传播让肉身在场与精神缺席的割裂愈加普泛，人们出入地铁所形成的“衣帽间共同体”蕴藏着涵化公共理性的可能，并以此促进城市共同体的形成。

关键词：城市传播，地铁媒介，共同体，公共理性

Abstract: Based on the theoretical framework of urban communication, this paper considers the subway as a media. The subway weaves the city network and makes itself a place for the construction of relations. As the transportation system, the media space and the performing stage, the subway establishes a connection between different bodies as well as communication, interaction and meaning sharing using the "intermediary practice" way. Based on the subway, mobile communication made "body in presence" and "spirit in absence" separated much more deeply. "Cloakroom community" contains the possibility of cultivation of public reason, which leads to the formation of city community.

Keywords: urban communication, subway media, community, public reason

在中国高速的城市化进程中，城市规模的扩大和人口的增多是最为直观的表现。人们在享受“城市让生活更美好”的种种便利时，也承受着交通、环境以及公共资源紧张所带来的种种“城市病”的拖累。据央视《中国经济生活大调查》数据显示，上班人群当中每 10 个人就有 1 人单程出行时间超过 2 小时，往返路程花费的时间超过 4 个小时。“不是在上班，就是在上班的路上”成为城市上班族生活的常态。发展路面及地下综合性的立体城市交通体系是技术专家为此开出的药方。

世界上的第一条地铁线于 1863 年在伦敦建成；1969 年 10 月 1 日，中国首条地铁

线——北京地铁 1 号线正式通车;截至 2015 年底,内地及港澳台地区共 26 个城市建成 113 条线路,通车地铁里程达到 3 521 公里。① 据预测,这一数字将在 2020 年增长到 6 000 公里。21 世纪以来,中国地铁建设加速推进,身处城市化浪潮的中国人开启了地铁生活。

笔者 2015 年夏季的一趟香港之行构成了本文写作的另一个背景。在罗湖口岸外通关前,笔者读到了一份刊载于深圳当地报纸的有关香港冷气温度太低的报道,待到抵港乘坐地铁时,笔者看到不少港人衣着齐备,不避骄阳,似得解释,又觉莞尔,不免对搭乘地铁这一现象有所思考:作为出行工具的地铁在将不同街区连接起来的同时,又以其作为媒介形态的存在构成了交往互动的空间,推进了意义共享。地铁在为人们通达出行提供必要的公共服务时,亦成为文化实践的场所,塑造了不同的想象空间与搭乘体验。车门开合、人流出入,在短暂的同乘聚合与四处奔忙的人群流动中,基于"共同体"的社会成为可能。

一、城市空间的联系与重组

道路在不同城市以及城市的不同街区间建立起了联系,为交通出行提供了基本的物质条件,因此就功能意义上的道路系统而言,它是作为城市的派生形式与组织方式出现在人们的认知视野中的,具有工具目的论的色彩,概括而言就是"没有城市就没有地铁",作为媒介的地铁起到了维持城市社会正常运转的支撑意义。"现代城市即媒介,它构筑了人们传播、交往、沟通的平台,全方位地实现了传播的意义。"②地铁媒介是对媒介的泛化的认知,其所发挥的作用恰如报纸之于现代城市勃兴初期的整合功能,将不同的阶层与族群纳入共同的媒介空间之中,以回应或者说满足不同的兴趣与诉求,形成迥异于乡村的陌生人的共同体。地铁媒介的功能表现在对地上与地下、中心与边缘、群体与个体等不同维度的整合上。

如果把现代城市的兴起时间标示出来,其与现代性所张扬的社会分化、工具理性和合理化进程可以说是同步的,城市沿着向上与向下两个方向成长并成熟。摩天大楼式的城市景观意味着资源的高度集聚,为因社会分工而出现的不同行业建立起了近距离协作的基础;人员、资金与信息高速组合流转,为不断向前、向新的发展主义提供了

---

① 根据《2015 年中国城市"轨道交通(地铁)通车里程"排行榜》整理。

② 黄旦.可沟通城市:理论建构与中国实践[C]//传播与中国复旦论坛."传播与中国·复旦论坛"(2012)——可沟通城市:理论建构与中国实践论文集,2012.

不息动力。地下管网系统好比人体的消化系统与循环系统，进行着源源不断的能量供给与交换。现代城市脱胎于古代城市，其由军事驻防和市井商业贸易等不同设施发展而来的街道规划优先考量的是行人和马车的交通需求，难以应对由工业化所带来的城市的资源聚集、汽车激增与人口膨胀。伦敦地铁的建设思路就来自"把火车开到城市中心"与"在地下修建铁路"两个设想的合二为一。同时，通过建设地铁所进行的地下空间开发绕开了地面建筑和地理环境的阻碍，为现代城市发展注入了新的推动力。

地铁直观地表现为一种技术进步，看似为人所创制和掌控的工具手段，但海德格尔"技术不仅是一种手段，技术乃是一种解蔽方式"的说法却提醒我们技术并不是简单的工具性存在，技术为世界的呈现提供了可能性，世界经由技术出现了新的连接。仅仅从功能的意义上来审视地铁媒介，不无缺憾，它实际上建构了多个层面互相交织的复杂传播关系。这与结构功能主义形成了相互对照的看法，即不是先有城市而后设计建造出它的地下交通等各大系统，而是通过道路、水电与照明系统所编织起来的网络才组织起了城市。① 城市即传播，城市经由传播网络得以成型。例如秦直道的修建就为一个帝国的诞生与形成准备了基本的物质条件，它将各个边远的地方紧紧联系在一起并指向同一个权力的中心。随着河运、航空、铁道以及高速公路的修建，中央政府把地方和边疆纳入到一个日益严密与高效的控制体系之中，形成更为辽阔的辐射力和控制力，地铁媒介对于中心与边缘的整合意义恰恰可以从这个角度予以审视。

城市道路的规划建设总是暗含着向政治的、经济的或者文化的中心区域聚拢的意图，这既降低了资源高度聚集的成本，也形成了层次分明的等级体系，构成了权力空间的外显。地铁线路设计以优先通过城市中心街区为考量，但又借由技术的优势特点对既有城市空间进行着重组。"地铁上盖物业"是今天城市空间中常常见到的广告语，这迅速拉近了那些近郊之地与城市中心的距离，促进新的街区的兴起，通过站点的布局建设促成多元中心的崛起，同时对城区街道表现出了改造和重组的意图。

城市空间既由建筑物、交通等实体物质所构成，也由虚拟的信息和能量的交换系统所构成。在地下世界，地铁的根脉象征着一种更为强力的控制，这种控制力以站点的分配给予不同街区几乎同等的重要性表现了出来，体现着城市发展的方向与意图。站点可以形成新的节点，重新编织起城市空间，在促进城市空间重整和优化的同时，彰显出资源再分配和平权共享理念。

作为媒介的地铁连接起了城市，也成为一种权力空间，这可以从它出现的历史中

① 孙玮.传播：编织关系网络——基于城市研究的分析[J].新闻大学，2013(3)：1-12.

找到原因。本质化意义上的地铁为交通出行而生,但地铁的发展却是去本质化的生成过程,历史的吊诡正在于此。"中华人民共和国成立后,在城市规划中首次提出地铁的建设问题,只因这个规划与预防外国入侵乃至核大战密切相关。"①20 世纪 50 年代初的北京,人口有 300 万,周恩来说:"北京修建地铁,完全是为了战备。如果为了交通,只要买 200 辆公共汽车,就能解决。"北京第一条地铁的建设正是出于东西方阵营对立带来的防空与安保的考量。由于技术故障接连出现,建成初期的北京地铁 1 号线并没有投入运营,而作为参观之用,成为展示社会主义优越性的意识形态话语。

地铁空间是工具理性支配下技术合理化的结果,除了上述意识形态的动因外,现代意义上的地铁建设呈现出两个叙述意向,一方面,地铁是缓堵、环保与高效出行的技术解决方案,这既能得到来自数字的支持,也由于中国城市化水平的不平衡而呈现出差异,北京西二旗软件产业园"IT 男"的乘车经验说明了地铁在人口爆炸前的无能为力;②另一方面,则是基于发展主义的理路寄希望于通过地铁投资建设来保证经济增速,稳定基础设施的投资建设,通过地铁线路建设着意规划、拉动新的街区与服务业,助推经济结构转型和新型城市化。在中国城市冒进式地将国际化大都市作为建设目标的浪潮中,地铁是标配的城市交通系统。2011 年,西安第一条地铁线路——纵贯南北的 2 号线开通,当地媒体以"西安进入地铁时代"为标题广为报道,欢欣之情溢于言表。

二、地铁媒介与文化空间

公共空间的多寡一定程度上反映了现代性的发育程度,它以敞开的方式将个体从私人空间拖拽到群体中,公共空间为不同人群的聚合提供了对话与交流的平台,地铁媒介成为城市中的异质性得以混合的文化容器。

相对于乘坐其他地面交通工具,乘坐地铁具有明显的洁净、快速和封闭特点。地铁通行相对于其他城市地面交通工具而言快速无碍,站与站之间的旅程完全相同,不同站点的站名标志和站台装饰风格的差异构成搭乘体验上的"穿越感",特定的乘车体验——"光亮"的车站与车外"漆黑"的行程,显然与其他地面交通工具的搭乘体验有异,因为后者车窗外街景的变化更易让人们体验到"流动感",分散注意力。地铁媒介

① 胡志强.中国当代史的深邃记忆——北京地铁 1 号线的故事[J].工会博览,2014(11):16.

② 西二旗:IT 男的青春滞留地,高房租下何处安身[EB/OL].(2016-06-23)[2016-12-25].http://bj.house.163.com/photonew/4EBT0007/219120.html#p=BQ8N1C8I4EBT0007.

为个体或者群体的文化实践提供了理想的场所与空间，不是说人们借由这一媒介空间进行互动，而是文化实践行为塑造了空间本身。

地铁媒介以技术的方式为城市网络建立起连接时，也为不同人群相遇建立起新的可能，从而以新的文化形式进行新的文化表达。近年来，发生于香港地铁上的内地乘客与当地乘客的龃龉时有报道，两地乘客在言语、占座、进食等行为习惯上的差异是引发矛盾的焦点所在，而地铁车厢相对封闭与独立的环境极易引发围观，形成剧场效应；再经由自媒体的拍、发、分享以及标签化的传播，此类事件极易引起广泛关注。这种地铁中的文化冲突一定程度上源于内地与香港政经地位变化所带来的心态转换，导致了认同转型的障碍，它直观地表现为对于车厢空间资源的争夺，从而隐喻式地体现了文化权力的博弈。

“身体方面摩肩接踵的很多人当中——在社交聚会，在火车上，在大城市大街上熙熙攘攘的人群里——人们感到陌生，感到与他人毫无关系。”[①]在陌生人大量聚集的人群中，人们更多感受到的是无视与冷漠，地铁媒介本身所固有的技术理性无疑加剧了这种趋势。研究者通过亲身经历记录了乘坐上海地铁 1 号线时看到的“催眠效应”：一位倒地濒死的乘客得到的是周围人的无动于衷，“他们都不作任何反应，一动不动”，“在地铁上不与任何同车乘客交谈甚至不发生目光的交会，以板结而略带冷漠的面容为标准化表情”。[②]

搭乘地铁意味着身体距离的拉近，陌生人在心理距离较远的情况下受到车厢空间的限制，不得不对身体距离进行调整，因此而推进的人与人之间关系的发生成为生动的文化实践。作为城市空间的地铁具有景观地标与想象空间的双重意义，发生在地铁中的文化冲突、文化抵抗、文化脱序与文化表演就是城市文化形成的过程。

面对日常生活意义的耗散与空虚，“赋魅”构成了对于“祛魅”的反叛，“地铁无裤日”以及“快闪活动”正是通过疏离于主流价值观念的方式，以“日常生活的实践”进行着文化抵抗。21 世纪之初兴起于纽约的“地铁无裤日”到 2014 年已经波及 62 个城市，成为一场全球性狂欢。参与活动的乘客在冬季以不着长裤的方式吸引了周围的目光。而在名目繁多的“快闪活动”中，身处现代原子化社会中的个人通过共同的仪式化参与，分享情感与经验，实现着局部团结。

---

① 殷晓蓉.芝加哥学派的城市交往思想——现代城市人机传播研究的开端[J].杭州师范大学学报，2012，34(4)：39-45.

② 殷罗毕.作为媒介的地铁空间及其催眠效应[M]//蒋原伦，张柠.媒介批评：第五辑.桂林：广西师范大学出版社，2013：104.

人类学家谢克纳说:“当我在街上只是行走的时候,我不是在表演;但是当我走给你们看的时候,这就是表演。我在表演走路。街上有许多人并不是有意识地展示走路,但就因为有你或者有很多人在观看,那么你和那些观看的人就把他们的走路变成了表演。”[①]以上有关文化冲突、文化抵抗以及文化失范与文化脱序的讨论都可以视为地铁空间中的文化表演,地铁空间作为表演舞台吸引到了他者的目光,让实践行为具有了浓重的表演意味。

低头刷屏、戴着耳机、斜倚车体、目光游移——这是移动车厢中人们典型的搭乘方式。随着智能手机等终端的普及,即便是在地铁这种人与人之间容易建立起关联的空间中,人们的在场互动与有效接触也愈加稀少;移动终端设备的普遍使用,让物理的肉身在场与虚拟的精神缺席成为愈加普遍的现象,从而形成深刻裂痕和多元归属与认同,而文化表演对此具有矫正与平衡作用。

三、“衣帽间共同体”与公共理性的涵化

如果说传播是在连接、沟通与共享等不同层面和维度上运作展开的话,那么地铁对传播就构成了恰当的注解,地铁媒介在连接、沟通与共享等不同维度,在城市、群体与个人之间,推动着“衣帽间共同体”的成形,促进人与人、人与社会、人与城市间的理解与互信,涵化着公共理性,组成现代性的精神基因。

走出传统的现代人以愈加原子化的方式沦为整个社会结构中的个体,“有机团结”经由合理化的推动出现裂痕,从而形成多向度的认同,在拥挤的城市人群中,“其他人的身体的体验,强化着我们对自己欲望、快乐和痛苦的意识”[②],漂泊、焦虑和孤独几乎成为现代人的普遍感受,这给现代人带来了巨大的不确定感。而地铁媒介不单连接起了物与物、人与物,也建立起了个体与群体之间连接的平台。

缅怀和对“共同体”的向往是人们内心的普遍诉求。“共同体是一个‘温馨’的地方,一个温暖而又舒适的场所”[③],传统社会中那种休戚与共的情感纽带给人以满足感与确定性,“谁不希望生活在我们可以信任他人的所言所行,我们又可以依赖的,心地善良的人群中呢?我们恰好生活在残酷无情的时代里,而这是一个竞争的、胜人一筹的时代。”[④]在合理化所推动的现代化进程中现代人进退两难,处于不确定中的人们一

---

① 孙惠柱.什么是人类表演学——理查德·谢克纳教授在上海戏剧学院的讲演[J].戏剧艺术,2004(5):4.

② GATENS M,LLOYD G.Collective imagining:spinoza past and present[M].London:Routledge,1999:14.

③ 鲍曼.共同体:在一个不确定的世界中寻找安全感[M].欧阳景根,译.南京:江苏人民出版社,2003:序言,2.

④ 鲍曼.共同体:在一个不确定的世界中寻找安全感[M].欧阳景根,译.南京:江苏人民出版社,2003:序言,4.

方面想融入人群之中，另一方面则又惧怕这种融入所带来的自由度的降低。

然而在传统社会结构与价值观念发生转型的背景下，共同体呈现出了它的不可得性，“意味着那并不是一种我们可以获得和享受的世界，而是一种我们将热切希望栖息、希望重新拥有的世界”①。在鲍曼看来，共同体是现代人寻求安全感的最后庇护所，持续而又稳固的共同体既不可得，片段式而单向度的共同体却又可冀，在这个被称为“衣帽间共同体”的状态中，“衣帽间成员，或者说到访者，为衣帽间共同体的特定场合穿上合适的衣服，在共同体里呈现与日常生活不同的面貌，大家的目光聚焦于舞台景观之上，暂时忘却生活中的烦恼”②。以出行为目的，人们搭乘地铁，汇聚于这一媒介空间之中，“地铁提供了一种共同乘车的仪式与过程，使乘坐者形成统一族的印象”③。人们在短暂的乘坐时间中建立起联系，暂时修复了孤独和安全感的缺乏，在社会陌生人群体中完成次级群体的建构，而后又离开这一位置，重新返回自己在日常生活结构里所扮演的角色之中，循环往复，无穷无尽。

德布雷关于“中介”的界定彻底倒转了有关传播主客体的认知，在此颇有启发。在他看来，“中介”即“处于中间介入两者之间的、使两者发生关系的第三者，如果没有这个中介，这种关系就不会存在”。媒介充当了一种中介，把那些隐而不彰或者晦暗不明的社会关系与文化形式呈现出来。地铁媒介建立起了相互关联，这成为一种典型的中介化实践。经由地铁，人们实现了多时空的关系并置。

媒介逻辑确定了一整套的语法规则与存储格式，它使主客体基于这种“中介化”建立关系、交流互动、共享意义，并形成相应的规则系统，这就好比电脑为人机互动所确立的语法方式。从地铁媒介的公共空间意义而言，它为搭乘者事先设定了公共理念与行为规范，一定意义上，它是把人带上公共理性轨道的入口和门径，在私人空间对公共空间大举入侵的今天，作为空间的地铁媒介进一步凸显了公共理性的涵化价值。中国城市化梯度发展的浪潮，也是公共理性逐步生长发育的过程，当愈来愈多的城市建起地铁，越来越多的人有了地铁搭乘经历之后，公共理性有了更为坚实的生发土壤。

公共理性体现在日常生活的点点滴滴，一位乘客记录下了自己搭乘地铁时的观察：“办完事，从大望路乘 1 号地铁回住处，这段路乘客少，空位很多。但见几位美国青年，宁愿背着沉重的行李站着，却不去坐下。我以为他们下一站就到了，可听说他们一上车就站着不愿坐。到建国门站我下车，几位还稳稳地站着聊天，空着那么多座位，仍

---

① 鲍曼.共同体：在一个不确定的世界中寻找安全感[M].欧阳景根，译.南京：江苏人民出版社，2003：序言，4.

② 马杰伟，张潇潇.媒体现代：传播学与社会学的对话[M].上海：复旦大学出版社，2011：171.

③ 崔波.城市传播：空间化的进路[M].北京：中国传媒大学出版社，2014：51.

然不去坐。……与几位美国青年不一样的是司空见惯的我们的青年。建国门倒 2 号线，人流若潮，年轻人居多的乘客们，人还在候车线上，心已策划好了上车抢座位的招数，冲上车不管三七二十一，不论采取何种措施，不论白猫黑猫，力排群雄地抢到位子就是帅猫，能为同伙抢占到几个位子的就是头猫。”①。

结 语

城市是现代性的展开，包括地铁在内的交通系统，“建筑物在向人们发出信息，繁华的街道、公园，或者说办公室与工厂是为了交流而创造出的空间”②，编织起了不同主体间的关系。“空间是由于经验而产生关联的场所，城市浓缩了这种关联性的场所”③，在这个意义上，可以说是否成为城市人并不以户籍或者出生地等外在因素为标准，“城里人就是可以解读这种城市的人”。

汤普森认为，随着现代社会结构历史性地展开，符号权力与政治权力、经济权力、强制权力构成了现代性的制度维度，媒介调节着社会生活的方方面面，社会进程和历史传统以愈加媒介化的方式表现出来，“泛媒介化”成为典型表征。地铁媒介通过连接传输、交往互动与意义共享等不同层面的传播意义的实现，为人与人、人与社会、人与城市之间建立起关系空间，人们出入地铁所形成的“衣帽间共同体”蕴藏着涵化公共理性的可能，并以此通向城市共同体的形成。

〔项目支持：2014 年陕西省教育厅专项科研计划项目“基于受众调查的西安地铁媒体形态创新研究”(14JK1324)〕

〔薛龙，陕西师范大学新闻与传播学院博士研究生，西安工业大学人文学院教师；陈红，西安工业大学人文学院教师〕

---

① 杜耀峰.不坐，我们去撬地球.摘引自本人微信号，2014-11-15.

②③ 佐藤卓己.现代传媒史[M].诸葛蔚东，译.北京：北京大学出版社，2004：24.

跨文化传播中的“文化中心主义”障碍及其超越

Obstacles and Transcendence of “Cultural Centralism” in the Intercultural Communication

◎叶 俊

Ye Jun

摘要：本文认为，文化中心主义对跨文化传播的影响表现在文化优越感、文化自卑感和文化无意识三个方面。在文化中心主义基础上产生的文化霸权主义从文化输出、文化输入及话语权三个方面阻碍了跨文化传播。在对上述障碍进行剖析之后，文章提出要在“天下”观念之下，构建跨文化传播的理想模式，即实现“文化贯通”。

关键词：跨文化传播，文化中心主义，文化霸权主义，文化贯通

Abstract: This essay believes that the influence of cultural centralism on intercultural communication is manifested in three aspects: cultural superiority, cultural inferiority and cultural unconsciousness. Cultural hegemonism, which is based on cultural centralism, hinders intercultural communication in three ways: cultural output, cultural input and discourse power. After analyzing these obstacles, the essay puts forward that the ideal model of intercultural communication should be constructed under the concept of “Tian Xia”, that is to say, to achieve “cultural integration”.

Keywords: intercultural communication, cultural centralism, cultural hegemonism, cultural integration

自20世纪50年代美国人类学家爱德华·霍尔(Edward Hall)开创跨文化传播研究之后，该研究已经走过了60多个年头；即便是在中国，从20世纪90年代引入至今，也有20多年历史。然而，在不同文化中，由于民族主义与文化自豪感的存在，跨文化传播时常伴随着文化中心主义。

在人类历史上，文化中心主义有点“三十年河东，三十年河西”的味道。古代世界先后出现过埃及中心论、希腊—罗马中心论、华夏中心论，近代社会以来，“西方中心主

义”开始盛行。在文化中心主义的影响下，中心文明总是试图把自己的文明当作世界文明，把自己的历史当作世界历史。相比古代中心论，“西方中心主义”及出现于其后的“东方中心主义”等论调，因身处全球化时代，对跨文化传播的阻碍显得更加明显。

一、文化中心主义下的跨文化传播障碍

文化中心主义具有民族中心主义色彩，对跨文化传播的影响无处不在。卢卡斯(Lucas)曾从“民族中心主义言语”入手，认为其产生了三种沟通距离：漠不关心的距离(distance of difference)、回避距离(distance of avoidance)以及蔑视距离(distance of disparagement)。① 卢卡斯所说的“距离”，是从民族主义的角度观察问题的结果。如果从沟通、交流与传播的视角来看，笔者认为，在“文化中心主义”中，跨文化沟通的距离会表现出三种观念：一是文化优越感，认为本民族的文化是最好的；二是文化自卑感，看不起本民族文化；三是文化无意识，对自身的文化属性并无意识。这三种观念对跨文化传播无疑都会有影响。

(一)文化优越感下的沟通障碍

文化中心主义往往把本国文化作为世界中心，乃至其他文化的参照系，用本国文化去衡量他国文化。在文化中心主义者看来，他们的文化是最优秀的，最具有普适性，因此他们具有强烈的文化优越感和文化自豪感。他们对其他文化往往带有一种偏见，在进行文化批评时会有预期态度和立场的植入，这会引发文化冲突，最终影响跨文化传播的正常进行。

文化偏见。进行跨文化传播时，文化中心一方极易对另一方抱有文化偏见，贬低另一方。文化偏见对跨文化传播的影响在于，传播双方无法进行公正平等的对话交流。跨文化传播的目的在于“传播”，而“传播”的核心在于“平等”。一个缺少平等沟通的跨文化传播，无法实现传播的目的。在文化偏见的形成中，媒体负有重要责任。比如，在西方文明与伊斯兰文明的冲突中，两种文明下的民众直接接触并不多，“较多也较容易受到媒体舆论及学者观点的影响，或者更多地根据政府政策、生活在周边的部分西方人或部分穆斯林的表现来认知对方”。② 而西方媒体在报道伊斯兰国家时，经过编辑记者个人主观过滤，报道折射出的是其自身文化价值取向，“负面报道占绝大多

---

① 黄先进，贾燕梅.民族、群体中心主义与跨文化交际能力[J].安徽农业大学学报(社会科学版)，2003(3).

② 陈敏华.认知互动与文化偏见——试析西方文明与伊斯兰文明的社会互动[J].国际观察，2008(6)：65-72.

数”,且“整体呈现出歧视与偏见倾向”。媒体报道本身的偏见就已阻碍了跨文化传播的进行,而两种文明间不客观、不全面的认知,加深了两种文明之间的差异和偏见,在跨文化传播中形成了又一道鸿沟。

文化批评。文化批评是一种公共性的写作,强调意见、讨论和交流的重要性,甚至具有政治意义。[①] 20 世纪 50 年代以来,资本主义社会的政治斗争形式由革命主导转为文化主导,法治的、秩序的社会的背后“隐含着意识形态的宏大的安抚工程”。[②] 文化批评就是要对这种意识形态的钳制进行反思和批判。然而,当面临外来文化时,文化批评者却不再如此,受文化优越感的影响,在文化批评过程中,文化中心主义者对待其他文化往往持否定态度。在对其他文化进行评价时,文化中心主义者习惯于用自身的文化观念、价值观念、道德体系作为标准。

文化冲突。文化冲突的根源是不同文化主体间彼此认知的不协调,但直接原因是文化中心主义下的自我优越感导致其他文化无法进入他们的话语体系。由于西方媒体具有绝对性的国际话语优势,媒体往往选择性地报道他国,不能全面准确地呈现对方文化。受众在接收选择性报道的信息后,往往不能全面了解其他文化,从而产生误解。这种误解在跨文化传播中往往会造成文化冲突,导致跨文化传播失败。

(二)文化自卑感下的交流无奈

与文化中心主义相对而言,一些处于非文化中心的国家和民族在跨文化传播中会产生文化自卑感。在跨文化传播的过程中,文化自卑感会导致三种结果:文化依赖、文化抗争和文化抵制。无论哪一种,这种基于自卑心理而产生的行为无疑都会起到阻碍作用,不利于跨文化传播的正常进行。

文化依赖。在强势文化或中心文化向外扩散的过程中,弱势文化很可能被强势文化所代替,或倾向强势文化,放弃自我文化,从而产生依赖心理。强势文化面向弱势文化传播时,往往以自身为标准,加上很多强势文化包含了大多数弱势文化的内容,因此,长期沉浸于外来文化之中的人们,容易受到感染,对强势文化表现出崇拜和仰视,唯这些外来强势文化是从,以这些外来文化为标准,西方文明甚至“被认为代表着现代文化的先进和强盛力量,它能带动或引导其他落后和封闭的国度走向先进和强盛”。[③]

---

① 陶东风.论文化批评的公共性[J].文艺理论研究,2012(3):4-11.

② 周志强.文化批评的政治想象力[J].南京社会科学,2014(9):115-123.

③ 王一川.与其“走向世界”何妨“走在世界”——有关一种现代文化无意识的思考[J].世界文学,1998(1):285-297.

在跨文化传播中,文化依赖使得弱势一方没有动力进行创新发展,最终可能导致同化,而失去跨文化传播的应有之意。

文化抗争。由于害怕中心文化的过度"入侵"导致自我文化被同化,丧失文化地位,具有文化自卑感的弱势一方会以保护本民族文化为借口,与外来文化进行抗争。当面对否定评价时,被视为"边缘"的一方基于自我保护的需要,可能会以同样的态度来对待强势文化,否定这些文化的价值。这种文化抗争包含着一些无谓的"口水战",两种文化彼此攻击,使得双方在跨文化传播中产生文化隔阂,无法进行正常的对话。这种偏激的方式不仅不能促使跨文化传播有效开展,反而使其陷入僵局。

文化抵制。在狭隘民族主义情绪下,一些弱势文化国家甚至走向极端,对外来文化全盘否定,对自我文化盲目肯定,甚至产生文化保护主义。现实中,一些国家为了避免外来文化影响过大,对强势文化的输入进行了严格控制。尽管全球自由贸易框架基本形成,但文化领域几乎成了例外。当面对美国文化的强势输入时,美国的盟友——欧洲各国及韩国、加拿大纷纷开始抵制美国文化。20 世纪 90 年代中期,几乎全部欧洲国家电影人士都在抗议美国文化"侵略"欧洲。① 对于这种自由贸易框架下的"文化例外"②,有学者指出,这是一些国家保护本国文化市场的一种手段,从实质上讲却是试图抵制来自美国的大众文化的蔓延,以保证本国的传统文化价值观不至于与美国文化趋同。③

(三)文化无意识中的传播困境

文化中心主义并非都是刻意为之,有时也是无意识的产物。在日常文化生活中,人们对本国语言、文化、价值、道德、伦理通常有更切实的体会,也有更深入的了解。这种基于熟悉程度而产生的"文化中心",虽然并无意识,但也会给跨文化传播带来阻碍,有时甚至影响更广。

文化无意识理论认为,环境中的文化一定会潜移默化地影响一个人的心理,人对于文化会有心理积淀,文化无意识正是这种心理积淀物。文化无意识中的人在评价另

---

① 袁方正.美国文化产品遭抵制[J].瞭望新闻周刊,1996(14):45.

② "文化例外"中的"文化",主要指向文化产品及服务,强调其不仅具有商品属性,还有精神层面和价值观层面的内涵。所谓"例外",是指文化不能屈从于商业,不适用贸易自由化原则。经过法国等欧洲国家抗争,2003 年 7 月,负责起草欧盟第一部宪法的大会决策主席团同意在即将完成的文件中加入一个巴黎要求的条款,即所谓的"文化例外"。由此,"文化例外"写入了《欧盟宪章》。

③ 王晓德.全球自由贸易框架下的"文化例外"——以法国和加拿大等国抵制美国文化产品为例[J].世界经济与政治,2007(12):71-78.

一种文化时会表现出“先入为主”的主观色彩，而他们自己“也说不清楚或者根本不去理会这种评价，也不例外地运用了某种尺度，不过这只是一种不自觉的运用，一种无意识的尺度”。① 顾明栋认为，“文化无意识是一个产生意识形态的思想机器”，虽然它本质上是一种中性的文化心理结构，但由此产生的意识形态内容会因人种、国别、族群、历史、文化和地缘政治等因素而呈现出不同的形态。② 由此可见，文化无意识是行为主体无意识的主观态度，但它却受主体身份等各种因素的影响。文化无意识以潜在的方式影响着处于“文化中心”的个人，从而影响他们在跨文化传播中的决策行为和评价行为。

不同实力的文化在传播过程中表现不同，带来的结果也不同。跨文化传播中的文化强势一方的文化无意识或内心深处的文化优越感，会导致传播过程出现隔阂，甚至连他们自己都不知自己在沟通过程中出现了问题；而文化弱势一方，对他者文化的优越性或本国文化的不足没有足够的认识，沟通交流时缺乏反思，这也会影响跨文化传播的深化。

在跨文化传播中，文化中心主义多数是有意识行为，有的甚至是民族—国家行为。这些行为因为主体明确，彼此间可以探讨、沟通和交流，从而缩短了文化间的距离。而文化无意识导致的跨文化传播障碍，实际上需要传播本身去化解，但这似乎是一种悖论。

二、文化霸权主义下的跨文化传播障碍

文化霸权主义是文化中心主义极端化的结果，背后一般受政治、经济和意识形态等多重干预。在跨文化传播中，持文化霸权主义立场的国家或个人极力推销本国文化，对他者文化抱有偏见或鄙视心理，拒绝承认或排斥其他文化，并以本国文化作为唯一正确标准，这使弱势文化进一步被弱化，生存空间更加狭小；与此同时，文化霸权主义对本土文化的压缩也阻碍了文化多元化发展。强势的文化输出和拒绝文化输入的态度形成一种文化保护主义，这与跨文化传播相向而行。

（一）文化霸权主义下的文化输出

文化霸权主义也是在文化抗争中产生的一个概念。在跨文化研究中，后殖民理论

① 李述一.文化无意识——一种新的精神领域的研究报告[J].哲学研究，1988(2)：54-59.

② 顾明栋.文化无意识：跨文化的深层意识形态机制[J].厦门大学学报(哲学社会科学版)，2013(4)：1-10.

是最有影响力的理论,该理论认为,帝国主义不仅是一整套经济、政治与军事殖民现象,也是欧美国家在知识、文化和科技领域的主导观念。他们认为,“保守的、狭隘的民族主义仍然遵循着帝国主义开辟的同样的轨迹;发达国家内部的文化倾销现象也可视为文化帝国主义,即帝国主义不仅表现在发达国家对发展中国家的霸权,也表现在发达国家之间。”①换言之,西方用文化霸权代替了传统经济和政治的直接控制,帝国主义进入文化帝国主义时期,而文化全球化的实质是西方文化的扩张。在这一理论下,跨文化传播被染上了强烈的政治色彩,成为外交与国际关系的一种工具。

文化霸权主义往往出于利益需要,表现出强烈的政治属性和意识形态属性。在文化交往中,霸权文化一方几乎是单向进行文化输出,并通过各种隐形手法把政治和意识形态融入其中,从而对其他文化进行潜移默化的渗透。美国的文化政策就是其中的典型,当其隐形文化扩张失效时,美国就不惜向其他国家施加压力,②要求开放文化市场,有时甚至动用军事力量。在来自大西洋彼岸的美国文化的冲击下,敏锐的法国人很快发现,法国影视作品正在被好莱坞商业大片挤向边缘。法国知识界提出,应加强对本土视听产业的保护。③ 这是法国提出“文化例外”的重要背景,也表明文化霸权主义在世界范围内的广泛影响。而与美国接壤的加拿大甚至提出了“文化主权”概念,“强调推行文化主权的强有力的意愿与意志,没有这样的意愿,即便有能力,也很难捍卫自身的文化主权”。④

强势的或单向的文化输出对跨文化传播的影响主要表现在两个方面:对输出方而言,不仅可以发展壮大其文化产业,提高其文化软实力,更可以于无形之中推行其文化,使其在跨文化传播中占有话语权、定义权和解释权;对输入方而言,本国文化产业受到巨大挑战,本土文化继续发展,导致其文化逐渐失去根基,在跨文化传播中陷入被动局面。

(二)文化霸权主义下的文化输入

文化霸权主义对文化输入并不热衷,更没有兴趣,甚至是持拒绝态度。霸权文化极力推崇他们的文化,而这种文化被他们视为文明的标准。当面对其他文化时,居高临下的姿态使得霸权文化在有意无意间被遮住了双眼,无法进行理性选择。

---

① 叶虹.后殖民理论的帝国主义观及其启示[J].江西社会科学,2002(5):111-113.

② 例如,在乌拉圭回合贸易谈判中,美国政府强烈反对法国的“文化例外”之说。

③ 叶飞,樊炜.欧洲抗衡美国文化的一盘棋——解读“文化例外”政策[N].中国文化报,2014-01-30(11).

④ 任一鸣.加拿大文化主权与文化政策[J].国际观察,2011(3):73-79.

在推崇霸权文化的国家，外来文化只占据文化空间的很小一部分，甚至受到诸多限制。在看待文化霸权主义时，有人认为这是“阴谋论”的想象，有人甚至认为，全球化并不一定会“导致同质化，消解文化差异与多样性，排挤本地文化”。然而，在跨文化传播的实践中，强势文化的表现却表明文化霸权主义的想象基本与事实相符。比如，美国对文化产业实行“内松外紧”政策，尽管其对内会通过立法、制度和政策来加大对文化产业的投入，引导产业外的资金投入到文化产业中，通过改善文化产业的投资环境来吸引外资进入，但对外来文化会“通过贸易保护政策、关税壁垒和非关税壁垒等形式把外国的文化产品挡在国门之外”。[①] 丁兆中等人认为，美国民众一直把自己的文化当成世界文化的楷模，认为自己秉承上帝的旨意，有责任按照上帝的意志，用自己的文化价值观念重塑世界和复兴文明。这是文化霸权主义之所以出现和全球化之所以会带来文化同化危机的观念基础。

仅有的一些文化输入对于霸权文化而言，仍是抱有偏见的选择，这造成了国民的各种误读。在20世纪前的“非美国世纪”，美国对待外国文化的态度是较为积极的。因为那时的美国人大多都是欧洲人的后裔，受到欧洲文化的影响较大，所以对欧洲文化相对比较认同。而当面对中华文化、伊斯兰文化、印度文化、俄罗斯文化这些不同根的文化时，其所谓文化保护更为严格。

跨文化传播不局限于人与人之间的传播，也表现在作为产业的文化输出与文化输入领域。文化输出与文化输入的巨大剪刀差，使得这一层面的跨文化传播失去了根基。更深层次的影响是，被视为软实力的文化产业进行目的性很强的选择性输出和输入后，造成了文化间的认知偏差。而有效的跨文化传播的一个前提是，双方对彼此文化有充分的尊重和了解。文化输出和文化输入的剪刀差使得霸权文化一方对其他文化不能有正确的、全面的了解，从而造成来自不同文化背景的个体无法正常进行跨文化交流。

(三)媒介帝国主义下的话语权

全球化时代，文化霸权主义的一个特点是凭借强大的文化优势，掌控着国际文化的话语权和主动权。其中，传媒领域中的文化霸权影响最为明显。传媒霸权不仅本身是文化霸权的一部分，更是通过对其他文化进行选择性报道，塑造着霸权话语。在传媒软实力方面，西方媒体掌握着绝大多数的媒体资源，控制着国际话语权，形成了媒介

① 苏毅.略论美日韩文化保护经验[J].学术研究，2014(5):53-57.

帝国主义。

麦奎尔曾为全球化进行辩护,他认为,全球化时代“主要的‘控制’机制通常不是政策或法律,甚至也不是经济因素,而是受众对‘自身’母语媒介内容的需求”。[①] 事实上,在跨文化传播中,想依靠母语媒介的力量去抗衡庞大的文化产业机器并不现实。在媒介帝国主义中,世界各国的荧屏上充斥着霸权文化或“中心文化”下的作品,无形之中形塑着民众的价值观念。

对跨文化传播影响更深的是,媒介帝国主义带来了话语权的不平等。在世界各种语言中,超过 90%的信息通过英语传递;在传媒领域,美国各大传媒集团足迹遍布近百个国家。跨文化传播需要平等的话语权作为基础,这种偏颇的话语权现状导致不同文化在沟通过程中必然出现障碍,“边缘文化”或“弱势文化”甚至失去发声的机会。

三、超越文化中心主义:“天下”体系中的文化贯通

文化中心主义及其衍生的文化霸权主义对跨文化传播而言,无疑是一道难以逾越的关口。跨文化传播实践与研究都无法忽视这一问题。本文认为,要打破跨文化传播的这道障碍,就必须超越文化中心主义,宣扬“天下”理念,实现文化贯通。

(一)“天下”体系:一种超越民族国家的文化视角

自文艺复兴以来,世界历史逐渐进入欧美中心时代,欧洲与美国文化甚至成为现代化的一种标准。随着资本主义制度推动的经济发展进入僵滞期,西方国家急需寻找新的发展契机,而国际关系也日益复杂化。在此背景下,为了维护其本国利益,文化中心主义成为一种隐形工具。而亚非拉多数发展中国家在 19 世纪末 20 世纪初迎来了民族主义的高涨,这带来了文化自觉意识。随着这两股潮流的发展,跨文化传播势必成为重要话题,也必然会遭遇各种问题。如何寻求一种平等的跨文化传播机制,树立公正的跨文化传播观念,成为迫切需要解决的难题。本文认为,寻求这一突破的前提是树立超越狭隘民族主义的“天下”理念。[②]

姜飞等人试图探清跨文化传播理论两类、四种研究的边界。他们指出,跨文化传播涉及“intra-”“cross-”“inter-”和“trans-”四种理论研究路径,“intra-cultural”是从思维假设上设定一个“边界”的范围以后,探讨其内部的文化之间的共性、共享性问题;而

---

① 麦奎尔.麦奎尔大众传播理论[M].4 版.北京:清华大学出版社,2006:183.

② 赵汀阳.天下体系:世界制度导论[M].北京:中国人民大学出版社,2011.

"cross-""inter-"和"trans-"关注的是影响，在思维假设上跨越任何"边界"，分析不同文化的特性和差异。他们进而指出，"cross-""inter-"" trans-cultural"三种路径关注的关键词是文化的"互动"，研究的是非均质文化的跨文化传播。① 由此可见，现有的跨文化传播既关注到了想象中的边界间的跨文化，也关注到了文化自身不同种类间的传播与交流。但现有的跨文化传播研究或关注国与国、民族与民族的这种想象边界，或忽视这种边界存在，或搁置这种实际存在的民族—国家间的现实矛盾，而无法建构一种完美的跨文化传播理论模型。

本文认为，超越文化中心主义与突破这种研究瓶颈的一条可供选择的路径是，在"天下"理念下，摒弃自我拘囿于对他者的偏见的状态，把跨文化传播纳入人类文明整体发展的视角。

(二)文化贯通：跨文化传播的想象力

首先必须承认，这种超越民族—国家和文化中心主义的"天下"观念是一种美好的愿景，是乌托邦式的想象，至少在当前国际格局中将会长期如此。理想的跨文化传播想象是构建无障碍的传播关系，面对文化中心主义的阻碍，这种关系的建立需要"天下"观念的引导。

"天下"观念表现在跨文化传播中是一种文化贯通观念。姜飞等人认为，跨文化传播中的"trans"有"贯通"的意思，不是简单的"文化跨骑"(cross-cultural)，而以"天下"为看待问题的视野，以"天下人"作为意识上的具体观照对象，所进行的跨文化传播就是在双边关系的基础上，甚至是在与经济利益基本不相干的前提下，超越各自文化的深层结构，在平等的基调上，以文化的贯通为手段，以"天下"利益为己任，构造新的"天下"体系。②

"天下"体系下的超越民族—国家体系的文化贯通是一种传播想象。然而，即便"天下"观念无法真正形成制度化的"天下"体系，也可以使跨文化传播双方逐渐具备这种意识，从而在跨文化传播实践中有意识地避免各种偏见，减少文化冲突。这种循序渐进式的跨文化传播自我完善模式，有助于更好地实现跨文化传播的初衷。

实践中的跨文化传播总是曲折进行的，充满着霸权、偏见、误解、冲突。对此，有学者提出了跨文化传播伦理理念。在单波等人看来，跨文化传播本身就极具文化伦理意味，因为它是打破文化的封闭状态、保持文化的生命力的道德方式。③ 他们认为，体现

①② 姜飞，黄廓.对跨文化传播理论两类、四种理论研究分野的廓清尝试[J].新闻与传播研究，2009(6)：53-63.

③ 单波，王金礼.跨文化传播的文化伦理[J].新闻与传播研究，2005(1)：36-42.

为伦理合法性的跨文化传播，强调每一个传播参与者的主体性地位，谋求在不同文化背景的传播者之间建立某种具有主体间性的相互关系，这一目标的实现在大众传播成为跨文化传播主要形式的今天显得尤为困难，但也尤为迫切。[①] 而卡尔则提出了跨文化传播中全球化道德代码四原则：(1)对不同文化中的人采取自己希望得到的尊敬态度；(2)尽可能准确地描述你所感知的世界；(3)鼓励其他文化背景的人用他们独特的方式表达自己；(4)努力寻找同其他文化背景的人的共同点。[③] 尽管如此，跨文化伦理作为一种自觉行为，没有国际法律的约束，就无法确保伦理的实践。

与此同时，也有学者提倡文化多元主义，以此来消解文化中心主义。然而，现实的跨文化传播实践却表明，越来越多的冷漠、歧视与歪曲出现在文化多元主义中。文化多元主义的初衷并非去理解其他文化，化解文化冲突；相反，文化多元主义出自摆脱文化中心主义的束缚的预期，强调实现文化的自我独立。因此，文化多元主义与其说是用来化解文化中心主义威胁的，不如说是与文化中心主义展开对抗的一种传播策略。这种策略不是基于人类的共同价值，而是基于文化的自我保护诉求，对跨文化传播而言，反倒是一种阻碍。

不管是跨文化伦理还是文化多元主义，初衷都是实现跨文化传播的正常进行，但结果却难以预料。本文认为，跨文化传播的终极目标体现为文化贯通，而文化贯通的实现需要一种"天下"观念。或许，从目前来看，这种观念受民族—国家的利益体系制约，无法很快实现，但"天下"观念最起码具有三层意义：最高的层次是作为一种乌托邦式的跨文化传播想象；最现实的层次是作为一种理念推动跨文化传播不断进行自我调整；最理想的层次是借以实现文化贯通。

〔叶俊，新闻学博士研究生，中国社会科学院新闻与传播研究所助理研究员〕

---

① 单波，王金礼.跨文化传播的文化伦理[J].新闻与传播研究，2005(1)：36-42.

③ 萨默瓦，波特.文化模式与传播方式：跨文化交流文集[M].麻争旗，等译.北京：北京广播学院出版社，2003：505-507.

政治效能感与舆论形成、传播与引导

——对贵州瓮安事件、厦门PX事件、郭美美事件的案例分析

The Sense of Political Efficacy and the Formation, Dissemination and Guidance of Public Opinion

—Case Study on Guizhou province Weng'an Incident, Xiamen PX Event and Guo Meimei Event

◎ 解庆锋

Xie Qingfeng

摘要:在社会化媒体传播环境下,舆论研究应当引入政治效能感概念。本文通过对部分国内外有关舆论、政治效能感的研究文献的梳理与挖掘,推演政治效能感与舆论形成、传播之间关系的理论知识。本文针对贵州瓮安事件、厦门PX事件、郭美美事件中的舆论现象进行案例分析,在案例分析中探讨政治效能感与舆论形成、传播、引导之间的关系,进一步丰富政治效能感与舆论之间关系的理论知识。本文提出了政治效能感视域下的舆论引导策略和模型。

关键词:文献研究,案例分析,政治效能感,舆论,谣言

Abstract: In the context of social media communication, the concept of political efficacy should be introduced into the study of public opinion. In this essay, some domestic and international literature about the public opinion and political efficacy are collected, and the theoretical knowledge of the relationship between political efficacy and the formation and communication of public opinion is arranged. Through the case analysis on the public opinion of Guizhou Weng'an incident, Xiamen PX event, Guo Meimei event, the essay discusses the relationship between political efficacy and the formation, communication and guidance of public opinion, in order to enrich the theoretical knowledge of relationship between political efficacy and public opinion. This paper puts forward the strategy and model of public opinion guidance from the perspective of political efficacy.

Keywords: literature research, case analysis, political efficacy, public opinion, rumor

舆论是政治事件的晴雨表，作为政治的核心要素之一的政治效能感对舆论的形成、传播与引导有着重要影响。在舆论研究方面，国内学术界仍重点关注“议程设置”“沉默的螺旋”“意见领袖”等经典传播学理论，对“政治效能感”的关注较少。信息传播环境的开放度与政治效能感是一种共向发展的关系。伴随中国民主政治建设与社会化媒体信息传播环境的到来，中国民众的政治效能感对公共事件舆论的形成、传播与引导的影响日益显著。

一、研究问题的提出

在现有的舆论研究中，将舆论与政治效能感联系在一起进行专门研究的文献并不丰富。周葆华结合社会化媒体时代的信息传播与公众意见表达提出，政治效能感是影响中国民众社会意见表达的关键因素之一，他认为，关于舆论的研究应当引入政治效能感的概念。① 也许是出于对社会化媒体信息传播对舆论研究影响的宏观把握，周葆华提出了应当关注社会化媒体舆论形成与传播中的民众政治效能感的问题，但并未对舆论与政治效能感二者之间的内在联系进行挖掘与论述。

在社会环境的剧烈变动中，中国人的政治效能感随着多元社会变量而变化，尤其是为民众传播赋权的社会化媒体，会显著地影响中国人的政治效能感，影响民众社会意见传播的心理动力，影响社会舆论的形成与传播，进而影响政府与媒体的舆论引导效果。

周葆华提出，在社会化媒体传播环境下，吸收“政治效能感”概念能够推动舆论研究的创新。但周葆华主要是从提出话题供研究者思考的角度建议舆论研究关注“政治效能感”概念的。②本文在周葆华提出的“舆论研究应引入政治效能感”话题的基础上，梳理已有文献并结合具体案例，进一步论述政治效能感与舆论形成、传播、引导的内在联系，在政治效能感视域中提出舆论引导的策略，结合中国信息传播环境的变化探讨大众传播与政治效能感之间的联系。

①② 周葆华.社会化媒体时代的舆论研究：概念、议题与创新[J].南京社会科学，2014(1)：15-22.

二、核心概念界定、文献回顾、研究方法

(一)核心概念界定

1.舆论

有关舆论的内涵,不同研究者给出了差异较大的界定。李普曼[③]在《公众舆论》中论述了与舆论紧密关联的一些概念,如图像、成见、兴趣,认为固有的成见、头脑中想象的图像、兴趣爱好都会影响民众对特定事物的看法。刘建明、纪忠慧、王莉丽、[④]胡钰[⑤]认为舆论是某一社会群体公开表达的社会意见。陈力丹[⑥]、曾庆香[⑦]认为意见仅是舆论的言论体现,舆论还包括情绪舆论、行为舆论,舆论是公众深层次的信念、态度的外在呈现,信念、态度是舆论的构成核心。陈力丹将舆论分为三种存在方式:潜舆论、显舆论和行为舆论,认为一定规模的游行示威是行为舆论的存在形态。[⑧]

通过对舆论内涵的梳理可知,舆论的界定存在外延宽窄的区别,但其核心是社会民众有关公共事件、公共话题的认知的反映。本文主要研究涉及政府部门、公共部门的事件,并将舆论界定为表达社会群体、社会民众政治认知的信念、态度、言论或行为。本文所界定的舆论,外延也是较宽泛的,核心是表达民众的政治态度。

2.政治效能感

政治效能感发源于西方学术研究,最早在政治科学文献中出现的"政治效能感"被定义为"对个体的政治行为能够或可能影响政治过程的感知"[⑨]。在早期对"政治效能感"概念的认识中,研究者将政治效能感视为一个整体,并未对政治效能感的内涵组成进行维度分解。伴随政治学研究的细化,政治效能感的内涵不断被丰富,理查德等人将政治效能感分解为内部政治效能感与外部政治效能感,并在 1988 年的美国大选中

③ 李普曼.公共舆论[M].阎克文,江红,译.上海:上海世纪出版集团,2006.

④ 刘建明,纪忠慧,王莉丽.舆论学概论[M].北京:中国传媒大学出版社,2009:23.

⑤ 胡钰.新闻与舆论[M].北京:中国广播电视出版社,2001:118.

⑥ 陈力丹.舆论学——舆论导向研究[M].北京:中国广播电视出版社,1999:90.

⑦ 曾庆香.对"舆论"定义的商榷[J].新闻与传播研究,2007(4):47-50.

⑧ 陈力丹.舆论学——舆论导向研究[M].北京:中国广播电视出版社,1999:90-96.

⑨ CAMPBELL A, GURIN G, MILLER W. The voter decides[J].American sociological review,1954,19(6):429-433. 转引自 MICHAEL C.Exploring the contingent effects of political efficacy and partisan strength on the relationship between online news use and democratic engagement [J]. International journal of communication,2014,8:1195-1215.

对民众的内部政治效能感进行了测量。①

我国研究者李蓉蓉也认为政治效能感由内部政治效能感与外部政治效能感构成,②提出政治效能感是一种内隐的心理活动,是个体与政府、政策以及所有政治体系的关系在自身心理上的反映,是一个复杂的综合体。③

在社会动员理论知识的丰富下,政治效能感的内涵被发展出第三个维度:集体政治效能感。弗朗西斯·李在对香港的政治参与进行研究时提出了集体政治效能感。④班杜拉认为集体政治效能感是群体对自身能力能够影响集体政治行为结果的认知。⑤与班杜拉不同的是,周葆华认为群体中的个体是存在差异的,因此集体政治效能感是个体对集体实现社会目标或政治目标的集体能力的一种认知。⑥

本文从已有的三个维度来理解政治效能感的构成,并从个体差异的视角来理解集体政治效能感的含义,认为内部政治效能感是个人对自身能够正确理解并有效参与政治的认知,外部政治效能感是公民对政府能够有效回应民众政治参与的相信程度。

(二)文献回顾

1.媒体接触与政治效能感的关系

媒体接触是民众接收社会意见的渠道,也是民众表达社会意见的渠道。米勒等人对美国政治选举中新闻接触与政治信任、政治效能感的关系进行研究,发现报纸的负面批评报道与民众的政治不满有显著的相关性,批评性报道会降低民众的政治效能感与政治信任。⑦

社会学习理论认为,替代性的可比性经历能够影响人的认知。周葆华认为报纸、

---

① RICHARD N G, STEPHEN C C, FRANCO M. Measuring internal political efficacy in the 1988 national election study[J]. American political science review, 1991, 85(4): 1407-1413.

② 李蓉蓉.政治效能感:内涵与价值[J].晋阳学刊,2010(2):122-123.

③ 李蓉蓉.海外政治效能感研究述评[J].国外理论动态,2010(9):46-52.

④ FRANCIS L. Collective efficacy, support for democratization, and political participation in Hong Kong[J]. International journal of public opinion research, 2006, 18(3): 33-53.

⑤ BANDURA A. Social foundations of thought and action: a social cognitive theory[M]. Englew ood Cliffs, NJ: Prentice-Hall, 1986. 转引自 Zhou B H. Online participation and political efficacy in a transitional society: an empirical study of "PX Event" in China[C]. Conference Papers—International Communication Association. Annual Meeting, 2012: 1-33.

⑥⑤ Zhou B H. Online participation and political efficacy in a transitional society: an empirical study of "PX Event" in China[C]. Conference Papers—International Communication Association. Annual Meeting, 2012: 1-33.

⑦ MILLER A H, GOLDENBERG E N, ERBRING L. Type-set politics: impact of newspapers on public confidence[J]. American political science review, 1979, 73(1): 67-78.

电视等传统媒体能够通过新闻报道向民众提供替代性的政治经历,个体所在社会群体政治效能感的媒体呈现能够影响个体的政治效能感,媒体对政府民主行为与效率的积极新闻描述以及对公众政治参与的正面报道会提升民众的政治效能感。⑤ Zhou Yushu 认为"关注硬新闻和公共事务的人会拥有积极的政治效能感"⑥。

从上述文献可知,新闻舆论可以影响受众的政治效能感。

2.政治效能感与舆论

国内外鲜有研究者将政治效能感与舆论联系在一起进行专门研究。笔者以"舆论""政治效能感"为关键词在国内的 CNKI 数据库与国外的 EBSCO 数据库进行搜索发现,对舆论与政治效能感之间关系进行专门研究的文献几乎没有。有的文献在对政治效能感进行研究时置入舆论概念,有的文献是在舆论研究中置入政治效能感概念。

周葆华提出,在社会化媒体环境下,舆论研究应当重视政治效能感这一影响因素。⑦ 米歇尔认为内部政治效能感能让人自愿投入自己的时间、金钱、能量来参加政治活动以改变社会意见或政策。⑧ Zhou Yushu 认为互联网扩大了市民获取信息的渠道,为市民表达社会意见提供了更多机会,这会潜在地提升民众的外部政治效能感。⑨ 弗朗西斯·李认为在公共舆论形成、传播的过程中,香港的社会特征——转型社会和集体文化——增强了香港民众集体政治效能感的价值。⑩ 国外部分研究显示,社会讨论是影响民众内在政治效能感的因素之一。⑪

熊美娟对澳门居民的问卷调查结果表明,不参与政治活动与不表达社会意见的居民,其内部政治效能感较低,而外部政治效能感则较高。⑫ 李蓉蓉提出,农民政治知识的丰富程度影响其整合所处政治环境中存在的社会意见的能力。⑬ 熊光清认为网络

---

⑥ ZHOU Y S.Modeling the effects of political information source use and online expression on young adults' political efficacy[J].Mass communication & society, 2012,15(6):813-830.

⑦ 周葆华.社会化媒体时代的舆论研究:概念、议题与创新[J].南京社会科学,2014(1):115-122.

⑧ MICHAEL C.Exploring the contingent effects of political efficacy and partisan strength on the relationship between online news use and democratic engagement[J]. International journal of communication, 2014, 8: 1195-1215.

⑨ Zhou Yushu.Modeling the effects of political information source use and online expression on young adults' political efficacy[J].Mass communication & society, 2012,15(6):813-830.

⑩ FRANCIS L.Collective efficacy, support for democratization, and political participation in Hong Kong[J]. International journal of public opinion research,2006,18(3):33-53.

⑪ MALIK, QURRAT－UI－ANN, KHAN A, MASRURE.Raising the influence of new media in instilling political efficacy amongst youth[J].Journal of development communication,2013,24(1):37-50.

⑫ 熊美娟.政治信任、政治效能与政治参与——以澳门为例[J].广州大学学报(社会科学版),2004,13(3):10-15.

⑬ 李蓉蓉.影响农民政治效能感的多因素分析[J].当代世界与社会主义,2014(2).

信息和网络舆论对农民工的影响有助于提升农民工的政治效能感,舆论引导和宣传教育是提高农民工政治效能感的有效方法。[①] 宋丽萍、宋迎法、高娴发现,网络上多数人的社会意见影响大学生的网络政治参与。[②] 宋景玉通过对云南“躲猫猫事件”的分析,提出网络舆论问政的良性效果激发了人们的网络政治参与的热情。[③]

综上所述,社会意见表达、舆论均会影响公民的政治效能感,社会意见表达的主动性既是政治效能感的反映,也影响政治效能感,增加民众表达社会意见的渠道与机会,鼓励社会舆论的多元存在,能够影响民众的外部政治效能感。强烈的内在政治效能感让个体积极参与政治活动、发表言论以影响社会舆论的形成与传播,甚至改变已有的社会舆论的演化方向。公民政治素养影响政治舆论的形成,较高的政治效能感有助于理性政治舆论的形成与传播。参照弗朗西斯·李关于香港的研究结论,中国内地处于社会转型期,集体文化占主导,在公共舆论形成与传播过程中,内地民众的集体政治效能感也应该是得到增强的。

(三)研究方法

本文通过案例分析的方法来探讨政治效能感与舆论形成、传播、引导的关系,选取的案例分别是贵州瓮安事件、厦门 PX 项目事件以及郭美美事件,这三个案例均是舆论研究、传播学研究的经典案例,受到相当多的研究者的关注。

本文将采用文献研究法,对涉及舆论与政治效能感的关系的研究文献进行梳理挖掘,借助逻辑推演得出有关舆论与政治效能感的关系的理论知识,并将这些理论知识运用于案例分析之中,进一步丰富有关舆论与政治效能感的关系的理论知识。

三、政治效能感与舆论的形成、传播

本文在三个典型案例分析中探讨政治效能感与舆论形成、传播的关系,在对三个案例进行分析时,将分别采用不同的维度与视角来探讨舆论形成、传播与政治效能感的关系。

---

① 熊光清.新生代农民工政治效能感分析——基于五省市的实地调查[J].社会科学研究,2013(4):32-37.

② 宋丽萍,宋迎法,高娴.网络时代大学生政治效能感及其影响因素研究——基于中国矿业大学的问卷调查[J].西南交通大学学报(社会科学版),2015,16(2):52-59.

③ 宋景玉.网络问政的政治效能感浅析——以微博问政为例[J].国家行政学院学报,2013(6):34-38.

(一)贵州瓮安事件:民众内部政治效能感与外部政治效能感的断裂导致社会意见表达的极端化

周葆华通过对厦门PX事件中市民参与、政治新闻接触与政治效能感之间关系的研究,发现新闻接触(电视新闻)和政治参与对内部政治效能感产生了显著的独立影响,而对外部政治效能感和集体政治效能感均无显著影响。[①] 新闻接触、政治参与对我国公民政治效能感不同组成维度的非协调影响会带来我国公民内、外部政治效能感之间的断裂与错位。熊光清针对中国五省市公民的政治效能感展开了问卷调查与访谈,研究发现,"从总体上看,中国公民的政治效能感较低,并且,与内在政治效能感相比,其外在政治效能感更低一些;由于中国公民政治效能感不高,特别是外在政治效能感偏低,他们的政治参与行为不是非常积极,对政府机构的信任感也非常有限"[②]。

民众希望参与政治,获得合理的政治结果,同时对于政府对自身的政治参与的重视和处理的期望值非常低。在内、外部政治效能感发生错位与断裂的矛盾之下,社会民众发现采取理性的社会意见表达无法获得满意的政治结果,转而采取极端的情绪型社会行动来表达社会意见。以打、砸、抢、烧等非法极端社会行动的方式表现出来的群体性社会舆论给社会稳定带来了破坏,典型的相关事件是贵州瓮安事件。在瓮安事件中,原本是李树芬家属和十几位学生上街游行表达社会意见,而在游行的过程中,上千人随机加入,并将游行这种已经较为激烈的舆论表达演变为打砸抢烧这种极端的社会意见表达。当地政府面对李树芬家属诉求时的懈怠与拖沓,让李树芬家属及同学的外部政治效能感几乎丧失殆尽,加上在拆迁、矿业开发、移民安置等公共行政事务中当地政府对民众利益诉求表现出轻视且处置不公,当地民众的外部政治效能感非常低。李树芬家属、同学以及当地民众强烈的内部政治效能感促使他们采取激烈乃至极端的政治言语与政治行为来表达利益诉求与社会意见。由此可见,民众内外部政治效能感的错位与不协调会导致社会舆论形成与传播的非理性化、激烈化、极端化。

在瓮安事件中,对打砸抢烧行为起到催化剂作用的各种谣言在瓮安县城大范围快速流传,也是由民众的外部政治效能感很低所导致的。当地政府不作为、乱作为、漠视民众利益诉求使得民众对政府的政治信任度极低,谣言于是披上"真实"的外衣而被民

---

① 周葆华.突发公共事件中的媒体接触、公众参与与政治效能——以"厦门PX事件"为例的经验研究[J].开放时代,2011(5):123-140.

② 熊光清.中国公民政治效能感的基本特征及影响因素分析——基于五省市的实地调查[J].马克思主义与现实,2014(2):140-145.

众用作政治动员的手段。这些谣言若经民众稍微思考、判断一下,便会露出虚假的面目,但丧失了外部政治效能感的民众没有了心理动力来思考谣言的真假,当地民众反而乐于接受这些谣言,谣言成为民众宣泄政治情绪、表达社会意见的理由与借口。

(二)厦门 PX 事件:网络参与、政治效能感与网络社会舆论

周葆华对厦门 PX 项目事件中民众的政治参与进行调查,发现“互联网的崛起的确在很大程度上改变了中国公众参与(政治)的形态,成为民众针对政府决策问题发声的重要表达空间”①。中国民众热情的日常政治谈话呈现出的较高的内在政治效能感借助互联网媒体转化为网络政治话语表达与网络政治参与。“围观改变中国”的传播情境使得中国网民的网络呐喊影响了政府的反腐、行政立法等行政行为。依据社会学习理论知识,当某种政治行为因得到奖励而被强化时,具有认识和思考能力的民众能够从观察和体验中学习。网络政治参与与网络呐喊取得的积极政治效果增强了民众的内外部政治效能感与集体政治效能感,螺旋式地增强着网络社会舆论的政治影响力。网络参与与政治效能感之间的积极正向关系使得社会舆论的形成与传播逐渐转移到互联网空间中,网络呐喊与围观成为民众表达政治主张、利益诉求的主要社会舆论传播形态。

周葆华对参与厦门 PX 项目事件的民众进行调查时发现,政治参与对外部政治效能感和集体政治效能感几乎没有影响。② 本文认为,厦门 PX 项目事件从民众规模参与到事件最终结束经历了一波三折,民众遇到很多困难、阻力,长时间的政治投入与巨大的成本消耗影响了民众的对外部政治效能感和集体政治效能感的感知。反观周久耕天价烟、杨达才名表门、孙志刚事件、华南虎事件,网络参与快速高效取得的政治结果能够增强民众的外部政治效能感与集体政治效能感。

在厦门 PX 事件中,网络舆论号召线下的集体行动,推动网络言论舆论转化为政治行为舆论,以更强烈地影响地方政府的行政决定。游行示威被阻拦后,民众通过互发短信,号召通过温和的“散步”向当地政府传播社会舆论。“散步”行为舆论确实影响了当地政府的政治决定。当地民众意识到了集体行动的政治力量,较强的集体政治效能感促使民众采取集体的政治行为舆论表达社会意见。由于表达社会舆论、参与政治的曲折与艰辛,厦门 PX 项目事件中的民众表现出了误评集体政治效能感的片面认知。

---

① 周葆华.突发公共事件中的媒体接触、公众参与与政治效能——以“厦门 PX 事件”为例的经验研究[J].开放时代,2011(5):123-140.

② 周葆华.突发公共事件中的媒体接触、公众参与与政治效能——以“厦门 PX 事件”为例的经验研究[J].开放时代,2011(5):140-145.

(三)郭美美事件:外部政治效能感的被剥夺导致公共部门辟谣的困境

郭美美以红十字会商业总经理的身份在网络上炫富,公共部门的身份认证与炫富行为形成鲜明、激烈的认知冲突,直接挑战中国民众的政治情感,让民众将官方背景的红十字会与腐败、贪污、挥霍等负面词语联系在一起。中国社会处于转型期,郑杭生、洪大用认为,转型社会的缺陷之一是社会多层面存在结构性断裂,在行政管理与社会控制方面,"行政集团与普通民众之间的关系也表现出某种程度的疏远、断裂"①。地方行政集团存在自肥、与民争利的政治倾向。贪官的巨额财富与腐化生活削弱了民众的政治信任,以顺口溜形式呈现的民间舆论表达了民众对官员的痛恨以及官民日深的隔阂。网络上曝光的官员为难民众的行政行为逐渐削弱了民众的外部政治效能感,逐渐形成的社会民众对官员的"刻板印象"是深层次的民间社会舆论形态,是外部政治效能感弱化的结果。

外部政治效能感是民众对政府工作效能信任感的反映,当政治信任感不存在时,面对公共危机,政府将是无助的,即便面对谣言,政府的辟谣也是苍白无力的。郭美美事件中出现了不少针对红十字会的谣言,红十字会多次辟谣,但辟谣效果微乎其微,民众坚信谣言的"真实性"。马凌认为,"谣言再一次证明,如果有必要的话,任何可靠性都是社会性的:我们隶属的那个社会群体认为是真实的东西才是真实的"②。真实是一种社会性的建构,红十字会的真实信息在民众认知中是虚假的,真实的信息面对谣言是无力的。谣言是虚假的,但并不是凭空产生的,它在深层上"反映着社会精神状态,是一种表面扭曲但是底层真实的民意表达"③。郭美美事件中的谣言是虚假的,但传播着真实的社会舆论——民众不再信任红十字会。万元帐篷、虚假发票、天价公务餐票等有关红十字会的负面事件已经严重削弱了民众的外部政治效能感,仿佛"最后一根稻草"的郭美美事件摧毁了民众对红十字会的政治信任。在民众的认知中,有关红十字会的谣言变成了一种真实的信息,再一次激发了民众对红十字会的政治情绪,并集结成民众的社会舆论表达。

在郭美美事件中,谣言变成民众表达社会意见的手段,是底层社会舆论的传播形态,真实与虚假并不重要,在社会民众所形成的对红十字会的刻板印象中,谣言就是一种"真实"。

---

① 郑杭生,洪大用.中国转型期的社会安全隐患与对策[J].理论参考,2004,18(11):14-16.

②③ 马凌.风险社会中的谣言风险及对策[M].浙江工商大学学报,2010(1).

四、政治效能感视域下的舆论引导策略

舆论引导的实质是在舆论形成、传播的过程中对社会意见进行有意图的影响。政治效能感是影响舆论形成、传播的重要因素，社会舆论引导应当考量政治效能感这一重要影响因素。

(一)公共危机事件中政府的谣言处置策略：影响民众外部政治效能感

冯希莹、王来华认为，舆情“特指民众的社会政治态度，特别强调被管理者对管理者所持有的情绪、情感、意见，其中政治指向性是此概念画龙点睛之处”①。谣言是一种变异的舆论，在一些传播情境中，谣言是一种舆情，向社会传播着民众对公共事务的政治态度。在贵州瓮安事件、郭美美事件中，谣言是民众对瓮安地方政府、红十字总会的政治态度的一种载体。从公共事务管理者角度来说，谣言有助于其更清楚地认识社会民众对公共事务的政治态度。对待公共危机谣言，政府管理部门单纯地辟谣可能无效果，从而陷入辟谣的困境；务实的做法是针对谣言所体现的民众深层的政治态度，采取信息传播或政治行为措施，以影响社会民众政治态度的转变，从根本上消除谣言的负面影响。

在郭美美事件中，中国红十字总会发表声明，否认网络上有关郭美美与红十字总会及相关个人的关系的谣言，并声称保留追究恶意炒作者责任的权利。然而这一强硬处置谣言的声明却遭到了网民的嘲讽、揶揄，网民被激怒，网上舆论“一边倒”地质疑红十字总会的这一声明。② 郭美美炫富严重摧毁了社会民众对红十字会的外部政治效能感，民众怀疑红十字会公正透明地回应民众质疑的诚心，谣言是民众这一政治态度的反映。薄弱的外部政治效能感促使民众利用谣言向政府施压，强迫政府进行回应，进而促使公共管理者尽快以有利于民众意图的方式处理相关事件，谣言成为民众对抗公共管理者的话语。在民众看来，红十字会打压谣言是对民众政治态度的威胁与挑衅。③面对辟谣的困境，公共管理者应当通过积极的政治行为来转变民众的政治态度。红十字会发布其捐款系统将上网接受社会监督、国家审计署进驻红十字会进行审计的消息后，民众对红十字会的声讨逐渐平息，涉及红十字会的谣言不再被疯传。公共管

---

① 冯希莹，王来华.舆情概念辨析[J].社会工作(学术版)，2011(5)：83-87.

②③ 郝永华，芦何秋.网民集体行动的动力机制探析——以“郭美美事件”为研究个案[J].国际新闻界，2012(3)：61-66.

理者的政治行为提振了民众对红十字会的外部政治效能感，促进了民众政治效能感的转变，进而影响了民众的社会意见表达，使得社会舆论逐渐回归理性与温和，最终实现对社会舆论的引导。

(二)增强民众外部政治效能感是政府进行舆论引导的有效手段

在现代政治中，信任是重要的政治黏合剂。民众对政府的信任感是政府舆论引导实现良好效果的基础。在社会化媒体信息传播环境中，地方政府处置网络事件的落后做法、网民大量爆料的地方政府的不作为与乱作为，使得地方政府形象日趋负面，民众对地方政府的信任度不断下降。民众在现实中不成功的政治参与、政治经历使得民众外部政治效能感日渐降低。在民众外部政治效能感被削弱的社会情境中，政府舆论引导往往流于形式，起不到实质影响，甚至适得其反。这也就容易理解，郭美美事件中红十字会投入相当多的精力进行信息传播，试图影响社会舆论，然而每一次真相澄清反而激起民众更严重的怀疑与言论对抗，原因在于有关红十字会的一系列负面新闻已经剥夺了民众对红十字会的外部政治效能感。李蓉蓉认为，“当民众政治效能感比较强时，其内心已对政府具有较高的认同；相反，当民众政治效能感比较弱的时候，其内心对政府的认同可能比较低”①。公共管理部门、政府部门的行政劣迹会削弱民众的外部政治效能感，使得民众以对抗性的政治情绪参与公共事件，政府舆论引导的实现受到根本性的制约。

受郭美美事件启示，政府部门、公共管理部门应禁止“吃拿卡要”“踢皮球”“刁难侮辱”的野蛮行政行为，促进外部政治效能感在民众积极、良性的政治参与、政治经历中逐渐增强。新闻报道影响民众的外部政治效能感。② 在有关政府的新闻中，负面新闻的刺激性往往高于正面新闻的刺激性。新闻媒体在新闻报道中应当把握正面报道与批评性报道的比例，过高比例的负面新闻经大众传媒这一传播放大器会对民众外部政治效能感产生夸大的负面影响。

民意传达渠道畅通能够提高民众外部政治效能感。政府部门、公共管理部门应积极利用社会化媒体提升政治公信力，增强政治话语权。政务微博、政务微信公众号使政府部门能够随时回应民众政治关切，解决民众行政困难。“政府公信力的提升一方面要靠持续不断地推动政府改革，建立公共服务型政府和法治政府；另一方面，也要着

① 李蓉蓉.政治效能感研究的学理基础与现实意义[J].山西大学学报：哲学社会科学版，2012，35(4)：90-94.

② Zhou Yushu.Modeling the effects of political information source use and online expression on young adults' political efficacy[J].Mass communication & society，2012，15(6)：813-830.

手改变政府形象，不断增强新媒体时代政府公信力建设的能力。”①

(三)社会舆论的良性形成、传播与引导，应促进民众内外部政治效能感的协调统一

已有的实证研究发现，我国公民的内外部政治效能感并不协调。较高的内部政治效能感使民众积极地使用各种社会意见传播渠道参与政治，但较低的外部政治效能感往往促使民众采取激烈的社会意见表达方式，借助社会舆论压迫式地影响甚至对抗政府。在公共舆论的形成中，网上民众通常通过“大声疾呼”甚至采取极端言论来引起社会的广泛关注，鲜有民众通过理性的线下政治行动与政府积极沟通以推动公共事件的理性解决。民众在网络上众声喧哗，主要目的是凝聚社会力量，形成对政府的舆论压力，强迫政府让步，而非以法治、理性的政治协商影响政府。转型期的中国社会出现以舆论绑架、舆论审判这种矛盾且不理性的社会舆论影响政府行为的社会现象，根本原因在于社会民众内外部政治效能感的错位与不协调。

民众在内外部政治效能感断裂的政治意识中表达的社会意见不理智，政治心理的不协调使得民众政治舆论形成容易极化。民众不是以政治协商的心态表达社会意见的，而是以强迫式影响的心态表达社会意见的，社会舆论的形成、传播容易极端化且具暴戾之气。在社会转型期，剧烈的社会变动容易让民众的政治心态陷入失衡状态，形成的社会舆论容易偏激。要通过教育与宣传，提高民众政治参与的能力与技巧，培养民众温和的政治心理，同时，政府要积极回应民众呼声，积极与民众协商，让民众感受到正常的政治参与带来的愉悦政治经历与结果，以促进民众内外部政治效能感的协调统一，推动转型期中国社会舆论的良性形成。

五、不足之处

本文是基于案例进行的分析，不少认识来源于经验与观察，不少观点是基于已有文献研究成果的逻辑推理得出的，缺少量化的实证检验，这是研究的不足之处。本文提出的有关“政治效能感与舆论形成、传播、引导”的很多观点只是假设，有待进一步借助量化实证分析进行假设检验；应当通过问卷调查获取第一手的数据，借助科学的量化分析工具，检验有关“政治效能感与舆论形成、传播、引导”的理论假设，实证量化地呈现政治效能感与舆论形成、传播、引导之间的关系。

〔解庆锋，中国传媒大学传播研究院博士研究生〕

---

① 赵春丽，付捷.新媒体时代政府舆论引导能力体系结构初探[M].湖北社会科学，2013(11)：27-31.

理念与视点

网络视听发展的新风向标：创新·融合·安全

——第四届中国网络视听大会综述

New Trends in Internet Audio-visual Development: innovation, integration, security

—A Summary of the 4th China Internet Audio-visual Conference

◎ 付海钲　张仕成

Fu Haizheng　Zhang Shicheng

摘要：伴随着移动互联网、大数据、云计算等网络技术的飞速发展，网络新媒体作为新生传播力量满足着众多用户的视听需求，并深刻影响着传统媒体的经营与发展。2016年12月7日至9日，第四届中国网络视听大会在成都召开，本届大会以“洞见新视听 共享新空间”为主题，力图树立网络视听行业发展的新风向标。网络视听产业链的众多重量级嘉宾出席大会，从技术创新、内容生产、媒体融合、制度规范等多角度探讨了网络视听业的现状及未来趋势，并提供了具有前瞻性和共识性的发展依据，即专注于内容和技术的创新、深入推动媒体的融合转型、促进网络视听规则的健全。

关键词：网络视听发展，创新，融合，安全

Abstract: Along with the rapid development of mobile Internet, big data, cloud computing and network technology, the Internet media as a new communication power meets users' audio-visual needs, and shows a profound impact on the operation and development of the traditional media. The Fourth China Internet Audio Visual Conference held in Chengdu chooses "New Insights, New Spaces" as the theme, and strives to establish a new trend in the development of the Internet audio-visual industry. A number of important guests participated in the conference, discussed the current situation and future trend of the Internet audio-visual industry from multiple persepectives, including technological innovation, content production, media convergence, and industry standard. The conference provides a forward-looking and accordant development foundations, which focuses on the innovation of content and technology, the promotion of media convergence and transformation, as well as the improvement of Internet audio-visual laws and regulations.

Keywords:Internet audio-visual development,innovation,convergence,security

2016 年 12 月 7 日至 9 日,被誉为行业“风向标”的中国网络视听大会在成都顺利举行。本次大会由国家新闻出版广电总局、国家互联网信息办公室以及四川省人民政府指导,成都市人民政府、中国网络视听节目服务协会主办,成都市广播电视台协办。大会开展了论坛、盛典、展览、沙龙、展映、发布会等 20 余场主题活动,共有来自政府、广播电视台、互联网企业、影视与节目制作机构、电信运营商、投资机构、研究机构等的 2 000 余位网络视听产业链中的领军人物参与,与会人员围绕“洞见新视听 共享新空间”这一主题展开了深入的研讨,以具体案例为切入点,交流创新成果,分享最新见解,探讨行业趋势。

在开幕式中,中央宣传部副部长,国家新闻出版广电总局局长、党组书记,国家版权局局长兼中央电视台分党组书记、台长聂辰席出席并发表主旨演讲。他指出,要深入学习贯彻习近平总书记系列重要讲话精神,不断推动网络视听发展再上台阶。就进一步推动网络视听业繁荣发展,聂辰席提出四方面要求:第一,坚持内容为王,努力打造优质网络作品;第二,坚持导向为魂,努力营造天朗气清的网络视听空间;第三,坚持创新为要,永葆网络视听生机活力;第四,坚持安全为本,共同推进依法治网管网。

大数据、云计算、移动互联网等网络技术的发展日新月异,视听化已经成为互联网传播的重要演进趋势。视听行业面临着前所未有的发展格局和巨大挑战。作为新生传播力量,网络视听媒体满足着人民群众的精神文化需求,同时也影响着我国的舆论生态环境;作为重要的驱动引擎,网络视听业推动着传统媒体进行全面融合变革,并促使新经济产业蓬勃发展。本届大会顺应时代发展新潮流,力图在众多业界精英的思想交锋中启迪多元思想,树立网络视听行业发展的新风向标。

一、创新:坚持内容为王,重视技术研发突破

新媒体时代,创新仍然是网络的根本活力所在,而网络视听业已成为网络创新最活跃的技术领域之一。特别是随着受众需求的多元化和不断细化,能否以受众需求为导向,依托技术升级和创新,生产出满足受众需求的优质内容和产品,成为未来网络视听业蓬勃发展、不断壮大的动能所在。

中央宣传部副部长聂辰席指出,网络视听的繁荣,归根到底要靠高品质的内容产品影响人、感染人、吸引人,必须讲质量、重品质。结合当下互联网发展的新环境,聂辰

席表示，以习近平同志为核心的党中央治国理政新理念、新思想、新战略，开辟了中国特色社会主义新境界，为网络视听创作生产提供了强大动力和广阔空间。在此背景下，网络视听业不仅要推出更多的原创内容、原创模式，为广大网民带来更精致、更精细、更精彩的视听新体验，而且要开发更多的原创技术，形成更多支撑行业发展、具有我国自主知识产权的创新成果。

国家新闻出版广电总局副局长田进提到，网络视听文艺创作要“坚持文化自信”“坚持贴近网民”“勇于创新创造”，不断提高原创力，不断拓展题材、内容、形式、手法，努力创作出触动心灵、让民众喜闻乐见的作品。爱奇艺创始人龚宇则认为，未来视听行业的技术创新空间更大，而且将是“持续的”。不但是终端技术、传输技术，而且包括显示技术、虚拟现实技术、高清的 HDR 和 8K 技术等，这些发展和突破都会让视听行业有更大的空间发展。

在“广电云、大数据与新技术峰会”论坛中，来自网络电视、互联网企业的几位嘉宾也分别结合新技术应用现状和行业特点，思考、探讨了未来网络技术的发展趋势。百度多媒体云总经理李旭介绍了百度云借助云计算、大数据、人工智能等技术实现的突破，认为当下可以利用这些创新技术为媒体打造一次全新的变革。美兰德公司市场部总监金桂娟通过对自身企业运用大数据制造爆款节目的经验进行总结，指出通过用户反馈再回到视频生产和制造的过程中，塑造良好的数据使用生态，将是整个数据行业的未来发展趋势。

在与会者的致辞和演讲中，“内容”和“技术”成为被频频提到的热词。虽然所谈的角度有所不同，但他们对视听行业的创新认识充满了睿智与理性的色彩，既意识到要创新内容生产机制，打造优质、原创的视频内容，满足人民群众的文化需求，又考虑到要创新技术应用，积极利用大数据、云计算等技术为企业、媒体发展带来新的机遇。这些业界精英的经验分享，无论是成果展示，还是反思改进，都对视听行业的发展大有裨益。

二、融合：激发资源活力，推动媒体变革转型

习近平总书记多次指出，融合发展关键在于融为一体、合而为一，要尽快从相“加”阶段迈向相“融”阶段。目前，我国传统广电媒体在融合发展过程中呈现积极发展的趋势，技术与传播渠道的壁垒逐渐被打破。但在新技术不断变革的时代，视听业发展的驱动力仍然取决于体制、机制的变革。只有实现整体层面的良性运作和重新调整，才

能真正构建起适合市场化发展格局的资源运作系统。因此,网络视听业需要积极推动体制、机制的变革,真正实现媒体资源的深度融合和联动。

湖南广播电视台党委书记、台长,湖南广播影视集团有限公司党委书记、董事长吕焕斌表示,未来湖南广播电视台将立足守好主阵地这一核心使命,以"我"为主,主动融合,以芒果TV为品牌进行资源整合,打造互联网视频媒体平台。他认为,融合发展必须要以先进技术为支撑,以内容建设为根本,芒果TV的成绩一方面源自传统媒体的核能力,一方面源自新兴媒体的核动力。

上海广播电视台台长王建军认为,互联网时代瞬息万变,这要求媒体人加紧思考、加快步伐,把握好"变"与"不变"的关系。"变"是常态,任何时代都有变化,只是大小快慢不同而已;"不变"则需要定力,明白在变化的大潮中如何把握自己的定位与核心竞争力,扎稳根基、顺势而为。

中国传媒大学新闻传播学部电视学院副院长曾祥敏表示,决定融媒体发展的根本动力来自体制、机制变革,如此才能从人才、资金、内容生产等多方面实现联动和融合,进而达到平台层面的融合发展。他指出,只有形成真正的组织,实现整体层面的良性运转,形成真正的市场化发展格局和体系,重新调整内部架构,制定和完善适用于融媒体发展的评价体系,调整内部激励机制,如股权激励等,才能形成融合发展的有力格局。

中央人民广播电台副总编辑姜海清基于中央电台媒体融合的实践经验,指出推进媒体融合发展,首先要明确"项目带动、产品先行、机制创新"的原则,立足广播,强化全媒体、全平台、全终端内容生产流程再造和资源整合配置,努力构建以声音为特色,以融合传播为目标的国际一流的现代传播机构。在融合发展的过程当中,需要打破机构的壁垒和平台的藩篱才能够统筹调动资源,逐步实现人员、管理、运营的融合,才能激发融合发展的内生活力。

陕西广播电视台台长王福豹强调,传统广电行业与新媒体的全面融合,主要包括开放的市场思维和理念、创新的互联网思维和理念以及融人才、资源、资本、技术和客户等各个环节为一体的发展思路。目前,陕西广电正在通过台网融合打造智慧社区,利用接地气的优势,建立社区和文化的生活平台,实现"中国融、融世界"的发展目标。

三、安全:尊重行业规则,增强媒体导向意识

网络空间的安全有序是视听行业繁荣发展的重要保证。近年来,网络视听行业在

蓬勃发展的同时，盗版、盗链、视听行业数据造假、无底线娱乐等问题也逐渐显露出来，甚至有扩散的趋势。不以规矩，不能成方圆。在相关法律还未健全时，业界需要达成共识、遵循原则、尊重规则，建立制度规范和处理及时的网络视听节目监测监管体系，共同促进互联网视听业健康有序地发展。网络视听从业者也需要肩负起社会责任和文化担当，坚持把社会效益放在首位，营造和谐、清朗的网络空间。

中央宣传部副部长聂辰席表示，推动互联网视听业健康有序发展，必须牢固树立正确的网络安全观，建立制度规范、运行有效、技术先进、研判准确、处置及时的网络视听节目监测监管体系，推进网络空间治理体系和治理能力现代化。视听网站、节目制作机构和网络视听从业者都要牢记文化责任和社会担当，坚持把社会效益放在首位，做真善美的追求者和传播者，用社会主义核心价值观和人类优秀文明成果滋养人心、滋养社会，为广大网民特别是青少年打造风清气正的网络空间。

搜狐董事局主席兼 CEO 张朝阳认为，我们需要尊重规则和原则，不能一味追求流量，使整个行业失去秩序。他表示，在法律还不够完善、执行还不彻底的时候，业界要达成共识，根据原则做事情，才会让整个产业长期健康发展。

腾讯公司副总裁、企鹅影视 CEO 孙忠怀指出，驱动链条是目前行业也面临诸多机遇和挑战的主要原因，例如演员片酬、版权价格不断攀升；网络自制内容数量膨胀，但精品比例缩小等。其原始动因有两个：第一是视听网站的激烈竞争导致需求量大增；第二是最近几年实体经济投资疲软，很多投资基金都把资金投入文创产业。这两个驱动力导致整个视频内容生产的立项数量和产出数量都在放大，放大之后就带来整个行业的泡沫，每个链条的价值都在攀升。

四、总结与展望

伴随互联网良好的发展前景，未来网络视听行业必然呈现出多元化、多主体、多变革的趋势，这也为传统广电媒体和新媒体的融合发展带来更多的挑战和机遇。在本届网络视听大会中，每位嘉宾都基于自身的经验、观点，以独到的眼光和视角阐述了在网络视听新生态下业界最前沿的创新成果、行业发展存在的问题以及未来的发展方向。

除了不间断的头脑风暴，大会还举办了一系列令人目不暇接的活动。现场发布的“年度优秀网络视听节目”“年度创新案例”“网络视听年度人物”三大榜单，引领着行业创作的新导向；中国网络视听协会发布的《2016 中国视听发展研究报告》，深度解读了行业发展现状及新趋势；网络视听新技术与节目展交会如期举行，展示了行业技术升级带来的新成果。

此次大会召开顺应时代潮流,不仅促进了观点和思想的交流,也为网络视听发展树立了具有前导性的风向标,即专注于内容和技术的创新、深入推动媒体的融合转型、促进网络视听规则的健全。此外,本届大会更预示着媒体融合转型进入一个新的发展阶段:把握技术升级与突破的新契机,迎接来自媒体体制机制变革的新挑战,实现构建新型国际传媒的新目标。

〔付海钲,中国传媒大学新闻传播学部电视学院教师;张仕成,中国传媒大学新闻传播学部广播电视学 2015 级硕士研究生〕

探索新型主流媒体:云平台、移动政务与融合新闻

——湖北广电“长江云”媒体融合访谈录

On the New Mainstream Media: Cloud Platform, Mobile Government and Convergence Journalism

—An Interview of Media Convergence in HBTV Yangtze River Cloud

◎ 涂凌波

Tu Lingbo

摘要:本文采用对话的形式,以湖北广电“长江云移动政务新媒体平台”为研究案例,围绕平台建设的背景与动因、移动政务服务特色、云平台技术、融媒体新闻生产等内容,探讨省级主流媒体如何开展媒体融合实践。本文通过 17 个问题,较为全面地呈现了“长江云”在媒体融合过程中的经验、问题,以及新型主流媒体的可能发展路径。对于当前我国主流媒体的融合转型而言,“长江云”的个案有一定的参考价值。

关键词:媒体融合,移动政务,融合新闻,新型主流媒体

Abstract: Taking the new media platform “Yangtze River Cloud”of HBTV as a research case, this paper presents several viewpoints about its motivation of construction, distinguishing features, media technology and convergence journalism. Through 17 in-depth interview questions, this article aims to explain how local television transforms into new mainstream media in the process of media convergence. The path, experience and problems of the new media platform “Yangtze River Cloud” deserve further study.

Keywords: media convergence, mobile government, convergence journalism, new mainstream media

自 2014 年 8 月中央全面深化改革领导小组第四次会议审议通过《关于推动传统媒体和新兴媒体融合发展的指导意见》以来,媒体融合(media convergence)作为一项自上而下的战略要求,在中央和地方的主流媒体中得到了广泛的响应,人民日报社、新华社、中央电视台、光明日报社、上海报业集团、浙江日报报业集团、湖北广播电视台(集团)等媒体加快了媒体融合转型的步伐。在具体的实践中,各媒体采取了多种方式,包括制作新媒体产品,推出移动客户端,组建新媒体运营团队,改革新闻生产流程,

建设融媒体新闻中心“中央厨房”等。[①] 2016年2月19日，习近平总书记在党的新闻舆论工作座谈会上谈到了媒体融合的方方面面，指出“党的新闻舆论工作必须创新理念、内容、体裁、形式、方法、手段、业态、体制、机制”。对于我国主流媒体而言，媒体融合转型既是重要的生存机遇和挑战，也是新时期开展新闻舆论工作的应有之义。

目前已有不少研究从宏观层面出发，探讨媒体融合的顶层设计、战略规划、体制机制、转型路径等问题，也有一些研究讨论了近年来各大主流媒体的融合案例。其中，由湖北广播电视台(集团)打造的“长江云移动政务新媒体平台”(以下简称“长江云”)是一个值得深入研究的案例。“长江云”于2015年9月正式上线，是湖北广电为了推动媒体融合所重点建设的融合平台产品。2016年2月，经湖北省委决定，“长江云”升级为覆盖湖北全省的新媒体平台，内容涵盖新闻、政务与服务，功能主要包括信息整合、政务发布、群众路线(问政)、民生服务、舆情引导。目前，“长江云”建立了“云稿库”，实现了省、市、县三级的新闻素材及新闻稿的云端共享；成立了融媒体新闻中心“中央厨房”，初步整合、打通了湖北广电的部分新闻报道资源。从2016年的数据来看，“长江云”平台已有广播、电视、电子报、网站和“两微一端”产品8 112个；在平台上开通信息发布端口的各级党政部门1 941家，其中省直部门74家；平台上开通了58类、152项政务服务和民生服务接口。[②]

在各大主流媒体的融合过程中，“长江云”的建立并不算最早，舆论关注度也不算最高。然而，“长江云”以“移动政务”“云平台”为特色，在聚合信息资源、开展民生服务、连接地方政府和媒体等方面有一些新探索，这使得“长江云”成为省级媒体融合中一个值得分析的案例。笔者对“长江云”平台进行了实地调研和观察，围绕“长江云”在媒体融合过程中遇到的种种问题，与湖北广电长江新媒体集团的5名负责人和10余名工作人员进行了深度对话。本文为在此基础上形成的访谈摘录，以便较为全面地呈现一些关键问题。

---

① 《人民日报》于2015年初启动“中央厨房”全媒体平台，探索采编发新机制，以实现“一次采集、多种生成、多元传播”。《人民日报》是国内较早提出“中央厨房”概念、建设全媒体采编中心的媒体。《人民日报》的这一举措得到了中央的肯定。经过两年多的实践，“中央厨房”在硬件上已经基本建成，推出了一系列融合新闻产品。叶蓁蓁，盛若蔚.中央厨房探路融合发展[J].中国报业，2015(7)：38-39；叶蓁蓁.重新定义媒体——站在全面融合的时代[J].传媒评论，2016(1)：29-32；何炜，张旸.“中央厨房”烹制新闻美味——人民日报全媒体平台创新融合发展途径的实践[J].中国报业，2016(4)：14-18.

② 关于“长江云”的发展历程和数据为湖北台官方提供。另参见：湖北广播电视台.打造以“长江云”为核心的智能化生态级媒体融合平台[J].传媒，2016(17)：22-24；张建红.平台再造，开创区域融合新生态——以“长江云”平台的实践为例[J].新闻与写作，2016(10)：11-14.

一、打造新型主流媒体："长江云"建设的背景与动因

涂凌波：媒体融合是中央提出的战略要求，被认为是互联网时代传统媒体必需的发展路径。也有学者指出，目前传统媒体要解决的难题，是如何根据自身特点和优势去开发、利用互联网这一新的融合媒体固有的技术优势。① 能否谈谈建立"长江云"平台有哪些具体的原因和考量？

"长江云"：主要有这几个方面的原因。

第一，基于党和政府的媒体融合要求，这事关意识形态安全。互联网时代，舆论场非常复杂，主流媒体承担着意识形态的主体责任和社会担当。习近平总书记说过，宣传思想工作是做人的工作，人在哪儿，重点就应该在哪儿。当前，主流媒体在新媒体领域还没有太多建树，商业媒体占据着话语权、自主权和仲裁权，过度依靠商业媒体是靠不住的。想要占领新媒体阵地，我们就应该建立自己的新媒体平台。

第二，基于加强地方政府管理和新媒体建设的需求。我们调研发现，各地、市、州以前没有自己的新媒体产品，在鱼龙混杂的自媒体上难以发出主流声音。如果分散办新媒体，特别是市、州、县缺乏专业技术人员，容易被攻击，信息安全得不到保障。"长江云"建设安全级别高的云平台，可极大提升我省信息安全保障水平。因此，我们建立了一个省、市、县三级全覆盖的新媒体矩阵，让省、市、县像拥有自己的广播、电视台、报纸一样拥有自己的 App。同时，从众媒时代到智媒时代，地方政府的管理应该趋向智能化，"长江云"可以实现最权威、最迅捷的信息的一键推送。

第三，传统主流媒体受新媒体的冲击很大，信息孤岛的局面需要改变。一些传统媒体也在做媒体融合尝试，但是没有更改连接的属性，没有更新平台化的价值观念。因为技术跟不上、市场不成熟、开放度也不够，所以有限的资金用在了反复"交学费"上，"别人踩过的坑你又去踩"。"长江云"的开发就是要改变这种情况。

涂凌波：湖北广电能够在很短的时间内建成"长江云"，有哪些独特的因素？

"长江云"：一方面是基于湖北省自身的资源优势，"长江云"得到了湖北省委省政府的高度重视和支持。2016 年 2 月，湖北省召开了省委常务会议，根据中央思路决定"长江云"要走群众路线。同年 4 月，湖北省委省政府印发《"长江云"移动政务新媒体平台建设方案》，各地党政主要领导挂帅推进，出台了 120 多套建设方案。

另一方面，"长江云"是在边缘地带的创新。互联网教父凯文·凯利说过这样一句

① 李良荣，周宽玮.媒体融合：老套路和新探索[J].新闻记者，2014(8).

话:创新往往诞生在不被关注的边缘城市。湖北台确实就在边缘地带,相比于中央媒体,湖北广电“船小好调头”。我们由台长挂帅,成立专门的团队,快速推进媒体融合这项工作,媒体融合便“悄悄地”干了起来。

涂凌波:在建立“长江云”的过程中遇到过哪些困难?

“长江云”:初期的困难主要集中在打造地市县的“长江云”矩阵上。第一,各地主要领导重视程度不够;第二,一些地方缺乏经费支持;第三,地、市、县自己的报纸、电视“互相打架”,没有形成合力,有的地市媒体也在做媒体融合,但没取得实质性的成功。针对这些困难,“长江云”在恩施进行了三个月的试点工作,总结了 11 条经验,形成了一个场景手册。我们还去每个地方调研,开座谈会,了解当地的信息化情况,与市委市政府、宣传部协调统筹,召开县级动员大会。“长江云”在覆盖全省的过程中,主要依靠党委政府下的一个运营主体,比如宣传部的网络中心或者地市的电视台、报社(这个运营主体由当地党委政府决定)。目前,“长江云”已经完成了全省 117 个客户端的建设,覆盖了 17 个地级市及县区,在“长江云”平台上提供政务服务的党政部门达到 1 000 多家,省直部门 70 多家,另外还有 58 家厅局单位和企业。接下来,“长江云”会不断优化这些客户端,解决问题,不断升级,同时拓展出“一企一端、一校一端”。

二、网络化的移动政务:“长江云”的本土实践及特色

涂凌波:有人指出,渠道融合是传统媒体与新兴媒体融合发展进程中辨识度最高的一个环节。[①] 同样都在做渠道融合,“长江云”与其他媒体融合产品相比,其核心竞争力和优势是什么?

“长江云”:总体上看,“长江云”是一个平台型的产品,而不只是一个新媒体 App、一个渠道。

第一,“长江云”平台是一个超级入口,优势在于实现了互联互通。用户可以通过 100 多个“长江云”上的系列 App 入口,以及“长江云”平台上的 40 多类 250 多种服务入口进入这个平台,获取信息、享受政务服务。

第二,“长江云”平台的另一个优势是建成了全省范围内的新媒体网络。不仅打通了全省新媒体产品、政务服务资源,而且实现了从新闻传播领域到政务服务、民生服务的跨界。“长江云”平台是做“加法”,整合各方资源,建立一个互联互通的产品生态。

第三,“长江云”平台的核心竞争力是网上群众路线,“新媒体+政务信息”正是“长

① 严三九.中国传统媒体与新兴媒体渠道融合发展研究[J].现代传播,2016,38(7):1-8.

江云”平台的价值所在。省市县各级党委政府必须回应、处理“长江云”平台上群众的投诉，最后还要像淘宝一样接受群众的打分考评，这是“长江云”平台的“核武器”。因此，“长江云”通过移动政务来占领新媒体阵地、做好党的舆论宣传工作，这也是湖北省委省政府如此重视“长江云”的原因之一。

涂凌波：有研究发现，传播渠道上 60% 的国内主流媒体都完成了两微一端的布局，但两微一端的运营和管理都存在较多问题。[①] 可见，我们过去认为“内容＋渠道”的媒体融合模式面临着巨大的挑战。或许，传统媒体打造属于自己的新媒体平台可能是真正实现媒体融合的关键，但是平台的建设并不容易，想要挑战腾讯、新浪、百度、阿里这样的互联网平台，有可能吗？

“长江云”：如果还是停留在简单地做新闻上，只做一个信息的出口，肯定无法与腾讯、新浪等平台竞争。现在大多数地方媒体的新媒体产品就是这样一个最低层次的项目产品，就是找一个外包公司做一个 App，不具备可复制性。但是，“长江云”的目标是要做一个新媒体平台，做一个可复制的标准化产品，不仅可以批量生产、复制 App，而且还可以实现各 App 产品之间的联网互通。“云稿库”“中央厨房”就是打通各产品的关键。

举例来说，省一级和地市级的客户端是不一样的，它们的需求和特点都不同。省一级的客户端既要有宣传功能，还需整合足够的政务和服务信息；而地市级的客户端则不可能有那么多的本地新闻作为支撑，所以不能寄希望于一个 App 来满足所有的此类需求。因此，“长江云”平台是要做垂直类的、一个群的产品，提供标准模块和订制模块，同时开发多样的功能。这样一来，省市县根据自己的特点和需求，使用“长江云”提供的模块来开发自己的 App 产品。目前，标准模块使得 App 可以流水线批量生产，效率得到了很大的提高，接下来我们会重点开发订制模块。

此外，成本优势也是“长江云”平台的一大竞争力。一个地市做一个新媒体产品一般要花费数百万元，有的投了钱，结果失败了。“长江云”平台的云上系列 App 运维费用很低，各省市的 App 前端还都是独立的，品牌、编排权、广告运营权都属于他们，实现了资源共享、互惠互利。

涂凌波：“长江云”的移动政务服务功能具体包括哪些方面？

“长江云”：主要包括权威政务信息的发布和“一键问政”等功能。前者指的是“长江云”平台设置了省市县的网上“政务大厅”，开通了在线发布和政务直播平台，即时发

① 向安玲，沈阳，罗茜.媒体两微一端融合策略研究——基于国内 110 家主流媒体的调查分析[J].现代传播，2016，38(4).

布政务信息。后者指的是“长江云”客户端设有“民声”窗口,群众可以通过手机提交诉求,“一键问政”。各地、各部门、各单位打通后台,政务服务办理过程可实时查看。

“长江云”平台的政务板块是三级联动,从而实现“一键问政”。例如武昌区发生了某件事情,经过用户投诉、平台审核后,从武昌区到武汉市再到湖北省,三级都可以看到,方便事项转办。“长江云”上还设有“群众满意度评价”项目,定期梳理群众的反馈并进行数据分析,采用“网络内参”的形式报送领导及相关部门。

涂凌波:如何让移动政务满足用户的需求,提高用户的黏性?

“长江云”:在政务服务方面,“长江云”接入了政府部门,连接了各市县的微博,还可以根据用户需求来添加一些服务模块。比如,“长江云”开设了叫车、叫外卖、查询高考分数、查询公积金、医疗等方面的服务模块,用户只需关注这些模块,就可以获取相关服务信息。

在互联网使用上,用户在搜索查询相关政府服务信息时,有可能进入假的官网,上当受骗,存在一定的风险。因此,“长江云”的服务板块就主打安全、可信、便捷,用户通过“长江云”进入这些接口,肯定是准确安全的。此外,即使用户能够辨别真假官网,也很难记住那些官网的网站地址,进入成本比较高。而通过“长江云”可以一键进入这些官网,为用户节省时间成本。

三、外包还是自建炉灶:“长江云”如何应对融合技术瓶颈

涂凌波:媒体融合离不开技术的强力推动。有人认为,媒体融合过程中新技术新应用是重要的支撑,大数据和云计算正是当前具有代表性的两种新技术。[①] “长江云”在媒体融合技术方面的建设情况如何?

“长江云”:技术必须发挥先行作用,(媒体融合的)意识再高,技术不行,那是搞不成的。所以技术是基础和先导,好比盖房子,蓝图再好,技术跟不上,房子还是盖不了。2015 年,湖北台就引进了“长江云”平台的技术。技术方认可湖北台体制内的政治资源、品牌资源和市场资源优势,最终通过招标的方式达成了合作。目前,“长江云”的软件开发、系统集成等技术由亚信科技负责,同时“长江云”成立了自己的技术团队,负责日常的技术运营和维护等工作。在媒体融合技术的建设上,主要有以下几个方面:

第一,“长江云”可以实现云上 App 系列产品的同时迭代,产品上线后共迭代了

---

① 林如鹏,汤景泰.政治逻辑、技术逻辑与市场逻辑:论习近平的媒体融合发展思想[J].新闻与传播研究,2016(11):5-15.

256次。

第二,“长江云”的技术团队可以24小时为各个市、州、县提供服务。值得注意的是,网络安全的三级安保费用很高,一般需要千万级费用,这对一个地市的客户端来说是很难承受的。然而“长江云”的技术维护费用非常低,大大压缩了成本。

第三,“长江云”不只是一个客户端,其竞争力和话语权完全不一样。以前湖北台和一些互联网公司商讨技术合作事宜,这些巨头都不感兴趣。但湖北省委要大力发展“长江云”、建设移动政务平台后,吸引了包括阿里在内的13个全国顶级互联网研发团队来投标。这说明市场上的技术公司也很需要与主流媒体加强战略合作。

涂凌波:除了外包的技术开发外,“长江云”自己的技术团队是如何组建的?

“长江云”:技术团队是在原有的新媒体集团基础上,抽调了台里一部分技术力量来组建的。目前技术团队有20多人的规模。日常技术工作分两部分:一是总体项目的管理,主要包括协调工作;二是“长江云”的具体技术业务。技术团队分为三个小组:技术管理组,主要负责技术规则制定、项目统筹与招投标等;项目管理组,主要负责日常项目落地,公司驻场团队的管理,项目的研发进度、管理实施等;运维项目组,主要负责基础平台的建设、机房建设、运营系统的搭建等。从团队上讲,因为主体是从台里抽调的技术人员,所以目前还没有完整的技术支撑体系。

涂凌波:媒体融合过程中,技术的主导权是一个矛盾的问题。一方面,传统媒体无法像互联网公司一样,花费高昂的成本来研发技术,因而技术外包是普遍的选择;另一方面,媒体如果不掌握核心的技术,则很容易在技术合作、平台升级、信息安全等方面陷入被动。“长江云”如何看待、解决这样一种矛盾?

“长江云”:会存在这样的问题。比如,过去每年我们支付技术外包公司100多万元,但外包公司反应、迭代、响应都比较慢。对于媒体来说,100多万元的费用不低,但对于技术公司来说,这个费用可能就只是一个人的薪酬。所以技术公司没有很大的动力,就不可能经常迭代、升级技术产品。“长江云”平台技术融合中还有一个问题,即技术、内容的生产、运营、管理还不能很好地融为一体,目前这四者的构成还有一些不合理的地方。打通四者的关系,是下一步要做的事情。

核心技术要掌握在自己手中,掌握在党和政府的手上,不能靠别人。技术发挥着先导作用,是核心的支撑力量。目前还只能通过招标方式解决技术供应的问题,但是我们已经在做相关的努力,通过购买服务器、建立自己的云端来保证“长江云”平台的运行和数据的安全。同时,我们希望“长江云”能建立一个规范文档,使得平台接口更加标准,有能力的技术团队都能够按这个文档去完成电子化开发,还可以具体开发一些商务应用。

四、处理统与分的关系:“长江云”的融媒体新闻生产

涂凌波:当前,各大媒体在融合过程中纷纷建立融媒体新闻中心,对策划、采访、编辑、分发等流程进行重构。“中央厨房”已成为媒体融合的“标配”。“长江云”是如何建设“中央厨房”的?

“长江云”:为了深化媒体融合,湖北广电创建全媒体“中央厨房”,将全台的广播电视频道的新闻部门和新媒体新闻中心整合成融媒体新闻中心。配套建成 700 多平方米的全媒体指挥中心,随时在融媒体平台发布现场连线需求。全台及省内各市县记者及时响应,信源互通有无,采编力量共享,各媒体按各自需求生产出不同产品,实现“总体策划、一次采集、多种生成、多元传播”。

“中央厨房”建立了融媒体调度会机制。融媒体调度会设有指挥长和调度长,指挥长由分管内容的副台长、总编辑担任,调度长由参与融合的电视新闻中心、交通广播、湖北经视、湖北之声、新媒体新闻中心等 8 家单位负责人轮流担任。每天上午的会议由调度长召集,指挥长坐镇,各频道、相关部门分管副总编和具体责任人集中开会,报送、决定当天的选题。接下来,还要进一步打通广播与电视、频道与频道之间的融合,建立完善的融媒体新闻管理和报道制度。

涂凌波:在融媒体新闻生产业务方面的探索上,“长江云”具体是如何做的?

“长江云”:“长江云”的新闻内容主要由融媒体新闻中心负责。第一,我们有一本非常详细的编辑手册,所有业务人员都必须按手册的要求去操作,这本编辑手册甚至比搜狐等互联网公司的编辑手册还要具体、细致。第二,我们建立了一个信息内容安全发布管理条例,这个是有着严厉处罚要求的条例。第三,确立了三级审稿流程,建立了一整套审稿把关责任制度。

目前,省、市、县三级内容采编资源已经完成了部分融合工作。各市、州电视台的记者已经进入湖北移动新闻采编终端云系统,“长江云”的 117 个客户端云上系列也全部进入了“云稿库”。下一步的工作是要把县、市、区级层面的媒体也纳入云库,同时完善全省党委政府三级功能信息发布平台和新媒体端口。最终,要将融媒体新闻中心打造为湖北省的“中央厨房”。

涂凌波:从全球范围来看,传统媒体融合转型的一项重要变革是确立“数字第一”

规则，即一旦获得新闻，首先会在各种新型媒体终端发布。[①] 在“移动优先”“数字第一”等新闻生产机制的变革方面，“长江云”是如何做的？

“长江云”：在媒介环境深刻变革的背景下，湖北省的主流媒体发现，传统的报纸、广播、电视的影响力已不如新媒体。因此，湖北台主动提出“移动优先”的原则——记者在一线获取新闻和画面后，第一时间在“长江云”发布内容。一方面，电视频道播出的流程比较烦琐，有些内容也很难播出，这些内容就可以通过“长江云”平台第一时间发布出来。另一方面，过去受到媒介条件的限制，观众只能通过电视屏幕来收看视频新闻，但现在可以通过智能手机获取移动信息。

有一件事需要特别指出。2016 年湖北发生特大暴雨自然灾害，湖北台做了迎战强降雨全天候大直播的报道。“长江云”作为主要报道平台，一共做了 3 980 个小时直播，总点击量达 1.5 亿次，创造了一个新纪录，涌现了许多有创意的报道，例如 H5 作品《给抗洪救灾“网红”点赞》、公益沙画《不忘初心 砥柱中流》等，均取得了很好的传播效果，得到了中央网信办重点推荐。“长江云”平台的报道对抗洪救灾工作产生了积极影响，比如罗田县是受灾比较严重的一个地区，该县就利用“长江云”平台，打通县内抗洪救灾信息，直通省级媒体，连接中央媒体，推进了当地的抗洪救灾工作。

涂凌波：融媒体新闻报道要重新调整不同频道、不同渠道、不同部门之间的关系，其重点和难点是什么？

“长江云”：从新闻报道业务方面来说，媒体融合的核心是处理好统与分的关系。

传统媒体不想融合、不敢融合的重要原因在于，各频道单位有自己的核心资源，这些核心资源是其各自的看家本领，所以各频道不愿意拿出来搞融合。湖北广电很好地解决了这个问题。关于统与分关系，湖北台的原则是能够分的就不合，能够合就不能分。

怎么统？我们把湖北广电融合后的新闻分为四级，其中统起来的新闻资源是 A 级资源，是一个统领性的资源。A 级资源主要有三类：一是中央部署的重大选题、宣传报道，省委省政府的中心工作、主题报道等；二是突发事件，如“东方之星”沉船事件、特大暴雨自然灾害事件等；三是湖北省的其他重大活动。关于 A 级资源的报道，主打“长江云”一张牌，统起来比分开来效率更高。

怎么分？如果大家都搞成一样的面孔，就让各个媒体失去了赚钱吃饭的看家本领。那些该保持个性的资源就让它保持个性。采访、编辑资源等要统起来，编辑有融

① 刘鹏.传统媒体融合转型的若干趋势[J].新闻记者，2015(4).

媒体中心的“大编辑”、有各频道的“小编辑”,“大编辑”要统起来,“小编辑”就要保持个性,这是一个很重要的机制。所以,统与分我们不搞一刀切。

从部门来说,也要统分结合。目前参与融合的共有八家单位,但是成立融媒体中心就只包含电视新闻中心、湖北之声和新媒体新闻中心三家单位。其他的五家(交通广播、资讯广播、湖北经视直播、新闻 360、垄上频道)暂时不统,保持它们各自的个性。

融合的最根本问题就是统和分的问题,考核机制、人员分配、业务范畴等都是“小事”。前者是根本问题,后者是手段技术、方式方法的问题。

结语:探索传统媒体的深度融合发展

涂凌波:中宣部部长刘奇葆在推进媒体深度融合工作座谈会上指出,推进媒体深度融合是一项战略任务、系统工程,要加快省级媒体融合发展步伐,形成以中央媒体为引领、省级媒体为骨干的融合传播布局。① “长江云”的未来发展规划是什么?

“长江云”:“长江云”的媒体融合实践得到了党和政府、媒体同行的支持和关注,中宣部、网信办给予了高度肯定,《人民日报》也在文章中点名表扬。我们认为,平台越开放、越能共享,就会越成功,“长江云”平台的建设见证了共享的力量,资源整合越好,党的媒体话语权就会越大。当前,传统媒体更需要抱团取暖,如果我们还保守、封闭自己,哪里还有出路和生路?哪里还谈得上政治家办报,谈得上为党和国家服务?接下来,“长江云”会推进深度融合,推动全省媒体和党政部门共同探索融合发展之路,协力打造新型主流媒体。

涂凌波:“长江云”目前还面临哪些亟待解决的问题?

“长江云”:媒体融合是体制机制的融合、团队的融合、技术的融合、信息服务的融合。第一,媒体融合需要进一步创新体制机制,需要形成体制机制和媒介技术的融合,需要解决因为体制机制而产生的业务问题;第二,在融合技术方面,要进一步打通业务、管理、模型之间的关系,把核心技术掌握在自己手中,培养自己的技术团队,同时要解决技术外包合作中的稳定性问题;第三,在移动政务方面,希望政府能够提供更多的可应用的、有效的公共服务数据,只有对这些信息数据进行充分的大数据研究和开发,才能更好地提高政府信息化建设,“长江云”才能够整合那些分散的、“低频”的服务信息,更好地提供移动政务和民生服务;第四,在融合人才团队的建设方面,面对互联网行业的激烈竞争,传统主流媒体如何吸引和留住优秀的人才是一个关键问题。“长江

① 刘奇葆.推进媒体深度融合 打造新型主流媒体[N].人民日报,2017-01-11(6).

云”在人才的引进、管理、激励等制度方面都有所改革，但目前中层骨干团队的建设还有待加强。

涂凌波：2017 年，“长江云”会有哪些具体的媒体融合举措？

“长江云”：当前，“长江云”正处于从平台型向生态型演进的一个阶段。2017 年，“长江云”要建设媒体生态系统，不仅要争取打通平台上的各系列 App，还需要打通第三方应用、政府单位、高校企业、自媒体的信息资源。同时要加强政务信息化工作，进一步完善全省党委政府的信息发布和新媒体端口。

〔本文为中广联合会 2016 年度学术理论研究重点项目“新型主流媒体构成要素研究”的阶段性成果；同时为中国传媒大学 2015 年教学改革项目“媒体融合背景下新闻理论教学创新研究”阶段性成果〕

〔涂凌波，博士，中国传媒大学新闻传播学部电视学院教师〕

品 鉴

新标杆：电视纪录片《大西山》的成功因素分析

The New Benchmark: An Analysis of the Success Factors of TV Documentary *Xishan*

◎ 赵淑萍　李诚贤

Zhao Shuping　Li Chengxian

摘要：10 集大型系列纪录片《大西山》是北京卫视纪实频道 2016 年的收官之作，是该频道自上星以来的一部现象级的纪实作品，在非黄金时段收视率高达 1.5%，与热播电视剧收视持平。《大西山》一经播出便获得了良好的收视和评价，为该频道树立了优秀作品的新标杆。

综观当前的纪录片市场，地方卫视纪实频道作为一支重要的力量，正在与央视、网络媒体同台竞跑。在这样的市场环境里，卫视纪实频道如何才能打造出佳作，形成品牌影响力，成为学界和业界共同关心的一个问题。

本文通过对北京卫视纪实频道播出的纪录片《大西山》的个案研究，分析这部纪录片在制作、传播、手法等方面的经验，探析卫视纪实频道纪录片的品牌化途径。

关键词：《大西山》，历史纪录，人文价值，品牌标准

Abstract: The 10-series documentary, *Xi Shan*, is the end of the Beijing Satellite TV Documentary Channel in 2016. It is a phenomenal documentary of the channel since it has been connected to the satellite. The documentary is rated as high as 1.5% at nonprime time, which appears as the record rating of hit TV shows. Once broadcasted, *Xi Shan* obtained good viewing rating and public praise, and established the new standard of this channel.

In the current documentary market, as an important force, the local TV Documentary Channel is racing with CCTV and Internet media. In such market environment, how can the local TV Documentary Channel create good works and form brand influence, has become a common concern among the academic and the industry.

Through the case study of the documentary *Xi Shan* made by Beijing

Satellite TV Broadcast Documentary Channel, this essay analyses the experience of documentary in production, communication, operation and other aspects, and discusses the branding strategy of TV Documentary Channel′s productions.

Keywords: *Xi Shan*, historical documentary, humanistic values, brand standards

2014 年 6 月,北京卫视纪实频道正式上星,以"用心纪录世界"为频道口号,相继推出了《芈月传奇》《最后的沙漠守望者》《声音传奇》等纪录片,但一直没有产生大的影响力。

2016 年 12 月 5 日起,10 集大型系列纪录片《大西山》在北京卫视纪实频道播出,非黄金时段收视率达 1.5%,与热播电视剧收视持平。北京大学张颐武教授等学者对该片给予高度评价,认为《大西山》"呈现出北京这个超级大都市的记忆与乡愁"。

《大西山》这部 10 集纪录片,作为北京卫视纪实频道 2016 年的收官之作,成为北京城市文化新名片。该片收视飘高,好评不断。究其原因,充实的准备、精湛的制作、积极的推送成就了这部纪录片的佳绩。

《大西山》成为北京卫视纪实频道的优秀代表作品。本文通过对北京卫视纪录片《大西山》的个案研究,分析这部纪录片在制作、传播、手法等方面的经验,探析卫视纪实频道纪录片的品牌化途径。

一、营造"人文 VR"的视听感受

《大西山》讲述的内容体量非常大,从周口店北京猿人时期的大西山讲起,一直到今天的北京同大西山的联系。对于北京卫视纪录片频道来说,完成这样一部人文历史题材纪录片是一个不小的挑战。

(一)题材的挑战与影像"再造"的创作思路

《大西山》选择了一个具有挑战性的题材。从题材本身来看,《大西山》选择的是最难以进行视觉化呈现的人文历史题材。

从画面表现的难度来看,一是这类题材的场景时过境迁,要用纪实手法来还原历史画面几乎没有可能;二是题材的线索纷繁复杂,要选择既具有意义,又能够表现创作主题的事件、故事、人物十分不容易。

针对题材特点,《大西山》提出"营造'人文 VR '的视听感受"的创作思路。北京与大西山虽然具有深厚的历史人文资源，但在缺少现实影像的情况下，必须“再造”影像，拓展表现空间。如何“营造‘人文 VR ’的视听感受”，再现年代久远的历史画卷，成为制作的重点。

一般来说，在人文历史题材纪录片的画面构成中，图片、文字、影像资料占的比重较大，这也是这类纪录片看起来比较沉闷的原因。故此，国际上的一些文献纪录片已开始采用“情景再现”表现手法。

情景再现是纪录片的一种创作技法，指“在客观事实的基础上，以扮演或搬演的方式，通过声音与画面的设计，表现客观世界已经发生的、或者可能已经发生的事件或人物心理的一种电视创作技法”[①]。伴随着技术手段与纪录片创作的不断演绎，情景再现不再仅仅是技术层面的手段，而成为纪录片的创作思路和呈现形式。同时，情景再现的内容也不再限于演员扮演，三维动画的运用拓展了更为广阔的视觉表现空间。

在情景再现的手法运用上，《大西山》灵活地运用了多种手法。除了三维动画、演员扮演之外，还运用了擅长表现中国山水的水彩画与 3D 动画，使很多内容在画面表现上充满了“动势”，具有了较强的视觉冲击力。

(二)提升“情景再现”的内容与画面品质

《大西山》全片一共涉及中国历史上 11 位皇帝、7 位大德高僧、4 位外国友人和诸多历史文化名人。人们熟知的乾隆皇帝、孝圣宪皇后、成吉思汗等都是与大西山命运息息相关的人物。故此，《大西山》中很多场景、故事都需要采取演员扮演的方式来呈现。

例如，第五集《园说》呈现的是依大西山而建的“三山五园”，讲述了从设计到成园的整个过程，“总设计师”乾隆皇帝是这一段故事的主要人物。片中再现了颐和园的前身“清漪园”，“清漪园”是乾隆皇帝为母亲孝圣宪皇后寿辰建造的；还有独产于香山公园的金莲花，也是乾隆皇帝每年呈给独爱此花的母后的礼物。演员扮演的乾隆和孝圣宪皇后演绎了这段故事，使观众不仅了解了这段历史，还看到母子二人之间的深深情感。第六集《文脉》讲述了诗人马致远和贾岛壮心不得志，来到大西山寻求精神上的解脱的故事，扮演贾岛和马致远的演员在举止、神态、衣着等细节上都最高程度地还原了历史。

在一定程度上，真实性是演员参与这类纪录片创作的难点。在美国，演员扮演的

---

① 郑德梅.浅析纪录片创作中“情景再现”的使用[J]. 电影评介，2010(6)：22.

纪录片被称为“半纪录片”。虽然这种“半纪录片”的形式在国际上已经十分流行,但是在真实性问题上,也存在不同的声音。

为了更真实地表现大西山的历史文化进程,《大西山》中的演员扮演部分由专门从事影视拍摄的导演负责,在质量上达到 4K 拍摄、升格拍摄等多种电影技术指标,提升了这一部分内容画面的品质。“情景再现”导演团队提出:用“史”搭骨架,用“镇”做脊髓,用“情”填血肉,用“美”当血液,用“理”塑灵魂来构建此片的美学风格。同时,秉承“大事不虚,小事不拘”的拍摄理念,处理好拍摄内容的呈现效果,力求获得细节上的真实感。

可以说,《大西山》用演员扮演的方式较好地还原了历史的真实情境,增强了受众的参与感,优化了体验感受。

图 1 《大西山》第五集《园说》截图

(三)三维动画与水彩画交相辉映的效果

在我国,较早运用动画技术的纪录片是中央电视台的《大唐西游记》。该片以玄奘法师西行取经的历史故事为主线,以吴承恩的小说《西游记》为辅线,灵活运用 3D、2D 技术,纪录片中的人物形象丰富、细节逼真、具有张力,令观众大饱眼福。

与《大唐西游记》相比,《大西山》的创新在于将三维动画与中国传统的水彩画相结合,富有艺术感地将历史长河中的许多重要场景再现出来。《大西山》的制作选用了 80 多幅山水画,通过三维动画的技术处理,极大地丰富了观众的感官体验。

第五集《园说》讲述了金章宗到西山游玩,梦中泉水涓涓而过,醒后果见泉水,于是将其命名为“梦感泉”的故事。当片中用《金章宗山水游历图》来呈现这个故事时,没有单纯地展示这幅画卷，而是对画中的飞鸟与瀑布进行动画处理，同时配上自然界的背景声音，这部分画面段落充满了美感，仿佛瀑布飞流的美丽景象近在眼前。

图 2 《大西山》第五集《园说》截图

近些年来，我国纪录片中的演员扮演、三维动画、情景再现的方式并不少见。例如，东方卫视纪录片《人间世》运用 3D 人体还原的方式，将疾病的病理原因讲述得浅显易懂；浙江卫视的大型历史人文纪录片《南宋》，通过演员们的精湛演出再现南宋当朝的景象。

《大西山》除了演员扮演、情景再现、三维动画、水彩画之外，还运用了 3D 地图、4K 摄影等，将新技术与多种表现方式结合起来，在不损害纪录片真实性的前提下，再现了历史上丰富多彩的自然、人文环境。

二、宏大的叙事主线与清晰的结构方式

《大西山》这部纪录片是最完整的关于北京人文历史的影像记录。作为一部历史跨度较长的文献纪录片，《大西山》以纵横几十万年的历史视角拱建起宏大的叙事主线，对纷繁复杂的内容进行归纳梳理，采取清晰的板块结构方式来呈现。

(一)历史延伸主线与主题板块结构

《大西山》的时间线非常长，涉及的年代久远。从 60 万年前的北京猿人头盖骨到春秋战国时期建都的燕国；从 1153 年金朝海陵王完颜亮迁都燕京到燕京改称中都，再

到今天的北京,可以说,题材特点决定了《大西山》宏大的历史叙事主线。但是,如何完成这部史诗般的北京影像历史记录呢?面对这样久远的年代和曾经发生的史实,结构方式关系到叙事的视角和方法。

《大西山》共10集,分别是《缘起》《基石》《香火》《烽烟》《园说》《文脉》《魂归》《融流》《家源》《问道》。在内容上,涉及大西山的起源、天文、地理、交通、政治、经济、军事、外交、文化、信仰、园林、坟茔、山水等各个方面。

《大西山》围绕北京城的历史变迁,采用简洁、清晰的,易于大众理解的方式进行创作。每一集都是以历史的视角为叙事主线,以板块结构的方式来承载内容,以不同的主题组成系列。

所谓板块结构,"是指按照地域、事件、人物或主题的不同,将不同的内容分为不同的部分,部分与部分之间可以互无联系的这样一种结构方式"①。需要指出的是,《大西山》的板块结构在微观的各集之间虽然没有线索、故事上的联系,但是在宏观上呈现为一个具有内在联系的大主题。

《大西山》从现代文明追溯到史前数万年,生动、清晰地刻画了古都北京城的历史变迁、年代记忆、文化底蕴和发展脉络。

(二)深邃的历史审视视角　典型故事的价值挖掘

一般来说,叙事视角是人文历史类纪录片创作构思首先遇到的问题。《大西山》以深邃的历史脉络审视为视角,对人文景观进行历史的审视,呈现历史痕迹所凝聚的人类文明,讲述与历史变迁有重要关联的人物故事,探寻大西山对北京城今昔发展的影响。

《大西山》在故事的呈现方式上,灵活运用情景再现、史料追溯、采访口述等手段,选取典型人物故事勾连历史事件,挖掘历史故事的价值。

第三集《香火》讲述了房山石经开山祖师静琬大法师凿石刻经的故事。静琬大法师由演员扮演,逼真地刻画了静琬大法师的人生经历。例如,初到房山白带山刻经、获得皇室认可和支持、呕心沥血常年刻经、搬运石材的艰辛,等等。值得一提的是,将历史人物故事同现实衔接在一起,通过拍摄2015年僧人祭拜静琬法师活动,表现静琬大法师凿石刻经对后世的影响。整个故事段落将静琬法师的人物性格、云居寺的历史发展以及石经对后世的价值讲述得生动鲜活。

① 林旭东.纪录电影手册[M].北京:北京大学出版社,2012.

第十集《问道》讲述了京西古道的演变、公路的出现、铁路的修建，展现了大西山道路的发展历史；同时，将道路与人们的生活、社会变化联系起来，通过沿路商家附近的客流人群构成的变化，表现近几年大西山的经济发展情况。

《大西山》每一集的末尾都通过解说对内容进行升华，引发受众思考。例如，整部纪录片的最后一集《问道》的结尾解说词：

> 道路有形，纵横蜿蜒，是血脉，是经络；道路无形，浩渺起伏，是魂魄，是精神。高山有路，无论怎样盘旋，总有可能攀上峰巅；城市有路，无论兴废纵横，终有一天，游子归家。时代之路，有民族复兴的大梦，有"一带一路"的画卷，这条路上，包容互鉴，携手同行。问道有道，接古今、通南北，足迹绵延，往者去、去者还。西山有道，望得见繁华，载得起心愿。西山有道，开不尽的路途，行不完的永远。

作为整部纪录片的最后收尾部分，这一段解说词将大西山的历史与人类社会的命运以及社会现实联系在一起，提升了思想高度。

北京是一座具有悠久历史的国际化都市，《大西山》还尝试用"洋人视角"讲"中国故事"。第八集《融流》主要讲述多民族的融合和中外交流。片中出现了中国人熟知的马克·波罗、贝熙业、司徒雷登和埃德加·斯诺四位外国友人，这四个人无一不与大西山有着不解之缘，他们在大西山的中外文化交流中都有不俗的表现。然而，时光流逝，斯人已去，今天的人们带着无限的感叹与这些历史人物进行穿越时空的交流。

如今，碎片化的阅读已经成为常态。电视纪录片要引起受众的注意，尤其是持续的注意，叙事的切入点显得尤为重要。

第三集《香火》以一首大家耳熟能详的歌谣开头，并由童声吟唱，勾起人们对童年的回忆。由"山里有座庙"引出关于西山信仰的故事，吸引受众关注接下来的内容。

高超的专业技术手段、高标准的影像品质、清晰的结构方式、深邃的历史审视视角、典型的故事价值挖掘，形成了《大西山》独有的叙事特色，呈现出精彩的大西山历史文化。

三、地缘题材　矩阵传播　联合投入

题材的地缘优势，往往有利于题材的最佳表达。在一定程度上，发挥地缘优势，能够助力卫视频道生产出有影响力的纪录片大制作。

(一)挖掘地缘优势题材

从一定意义上讲,纪录片创作的成功在很大程度上取决于题材。《大西山》充分挖掘了北京独有的题材,这种地缘优势与其成功不无关联。

我国省级卫视开办纪录片频道的时间较短,在资金、规模方面无法同中央级媒体相提并论。但是,省级卫视能够发挥地缘优势,凭借对当地历史文化题材的挖掘,闯出一片市场。

大西山地处北京,北京卫视纪实频道在这一题材的挖掘上有着无人能及的地缘优势。在拍摄过程中,创作团队深入挖掘大西山的史学价值、哲学价值、美学价值和文化底蕴,用丰富的史实和生动的故事将北京从建都到今天的风风雨雨讲述得完整而又精彩。2014 年 10 月 15 日,习近平总书记在文艺工作座谈会上的讲话中说:"文化是民族生存和发展的重要力量。人类社会每一次跃进,人类文明每一次升华,无不伴随着文化的历史性进步。中华民族有着 5 000 多年的文明史,近代以前中国一直是世界强国之一。在几千年的历史流变中,中华民族从来不是一帆风顺的,遇到了无数艰难困苦,但我们都挺过来、走过来了,其中一个很重要的原因就是世世代代的中华儿女培育和发展了独具特色、博大精深的中华文化,为中华民族克服困难、生生不息提供了强大精神支撑。"

目前,挖掘地缘优势题材是卫视纪实频道纪录片选题的优势与倾向。例如,2015 年底浙江卫视的大型人文纪录片《南宋》就在题材的选择上发挥了地缘优势。该片在讲述南宋人文历史的过程中,展现了浙江秀丽的山水景色。《南宋》之所以成为一部力作,其中的原因之一就是南宋定都临安,即今天的浙江杭州,地缘优势为题材把握、采访拍摄、前期筹备等各个方面都提供了很多方便。再例如,东方卫视的《上海工匠》、广东卫视的《老广的味道》等,都取材于本地独有历史,故在人文风情的表现上做到了淋漓尽致。地缘优势还具有与本地受众的无限接近性,可以引起本地受众的兴趣和价值认同。

(二)矩阵式跨屏传播

在传播方面,《大西山》大胆尝试多元化矩阵式传播,打通微博、微信、公众号等新媒体渠道,获得了传统媒体+新媒体的矩阵式效应,有效提升了《大西山》的传播影响力。

在传播周期上，《大西山》在预热期、引爆期、播出同期都做了周密的策划，而且还适时根据热点进行借势传播，整体宣传效果显著。

在预热期，纪录片还在制作之中，同名微信公众号“大西山”就已经开始发布推送文章。通过这种便捷的传播方式，向受众介绍2016年末才播出的纪录片，为纪录片的播出做好了前期预热。

2016年4月至12月，公众号推送的文章不仅仅限于纪录片本身，还涉及北京的旅游攻略、美食介绍这类“吸粉”的软文。到达率高的软文为公众号带来了极高的关注度，同时也为纪录片《大西山》导流更多粉丝。

2016年5月13日推送的文章《舌尖上的大西山：探秘京西美食之旅》与受众分享了主创团队在拍摄过程中发现的西山特色美食。2016年5月25日推送的文章《看“甄嬛”辣么久，她的定情地你真知道？》介绍了甄嬛与果郡王定情之地——凌云峰，以及该剧的开机地点——戒台寺。公众号借助《甄嬛传》的势头介绍了大西山的美景，该篇文章的阅读量达到了4 790次。这种借势传播极大地提升了纪录片的宣传效果。

2016年12月5日，纪录片《大西山》正式在北京卫视纪实频道和观众见面，从播出当天开始，公众号不仅对每集内容进行介绍，还同时推送了总导演、分集导演、视觉特效导演、再现导演以及音乐总监等主创人员的创作手记，这些有着丰富制作经验的工作人员将《大西山》带给自己的收获写出来与观众分享，丰富了观众对大西山的感知。

（三）阵营强大　联合投入

在一部宏大的纪录片的制作中，团队的构建起着至关重要的作用。《大西山》不但组建了强大的团队，还开启了联合投入的新模式，为纪录片的创作提供了更好的制作力量和资金保障。

《大西山》的创作团队制作过《百花》《岁月如歌》等优秀纪录片，但《大西山》的拍摄制作面对的困难仍旧是巨大的。《大西山》从选题到拍摄制作历时近千日，行程达数万公里，拍摄地点遍布北京、河北、内蒙古、山西。《大西山》99%的素材都是制作团队亲自拍摄的，光是逐格拍摄的素材就有2 000多秒。在后期制作方面，《大西山》4K拍摄、2K制作，制作过程涉及多个工种，通过精心打磨，呈现出精彩纷呈的多维效果。

在纪录片的筹备过程中，制作方与合作方开启了新的资金投入、联合出品的模式——北京市委宣传部主办，海淀、石景山、昌平、门头沟、房山五区党委宣传部联合投入，北京电视台承担制作。

联合投入出品的模式发挥了地方政府的主观能动性,各层级各部门积极深入到纪录片生产的流程当中,自上而下统一动作,提高了工作效率,也避免了内容把控上出现失误。

不可否认,大投入是大制作的保障。《大西山》探寻的联合投入出品模式对我国卫视频道的纪录片生产具有一定的现实意义。综观我国纪录片市场,一直存在力量薄弱、投入过少的问题。《大西山》在选材、筹备、拍摄、制作等各个环节中都有所创新,为北京卫视纪实频道创作优秀纪录片树立了新的标准,也为省级卫视纪录片频道提供了可以借鉴的经验。

结　语

我们注意到,2015 年 6 月,湖南卫视金鹰纪实频道正式上星后,中国电视纪录片市场便形成了新的格局。第一层为中央电视台纪实频道以及科教频道;第二层为卫视上星纪实频道,如上海卫视纪实频道、北京卫视纪实频道等;第三层为其他制作纪录片的电视媒体。

在新的格局下,电视纪录片市场呈现出品牌化竞争的态势。一些省级卫视生产的纪录片开始进入国际视野,如江苏卫视的《本草中国》荣获 2016 年第三届金熊猫人文类最佳纪录片奖。

此外,各大视频门户网站、院线的纪录片也在吸引着人们的眼球。仅在 2016 年,《我在故宫修文物》《我们诞生在中国》等都通过互联网和院线进行传播,并获得了火爆的传播效果。

随着全媒体时代的到来,纪录片传播推广的渠道越来越多元,《大西山》的矩阵式传播推广预示着打造现象级纪录片的可能。同时,随着纪录片播出平台的拓展,中国纪录片创作也将进入一个新的繁荣阶段,《大西山》的成功又一次验证了人文历史纪录片的生命力和现实价值。

〔赵淑萍,中国传媒大学新闻传播学部教授;李诚贤,中国传媒大学广播电视学硕士研究生〕

图书在版编目(CIP)数据

中国新闻传播研究. 2016. 下 / 高晓虹，田维钢，付晓光主编. — 北京 ：中国传媒大学出版社，2017.10

ISBN 978-7-5657-2054-3

Ⅰ. ①中… Ⅱ. ①高… ②田… ③付… Ⅲ. ①新闻学—传播学—研究—中国—2016
Ⅳ. ①G219.2

中国版本图书馆 CIP 数据核字(2017)第 135833 号

中国新闻传播研究 2016(下)

ZHONGGUO XINWEN CHUANBO YANJIU 2016 (XIA)

主　　编　高晓虹
副 主 编　田维钢　付晓光
策划编辑　王雁来
责任编辑　王雁来
特约编辑　沈梦绮
封面设计　拓美设计
责任印制　曹　辉

出版发行　中国传媒大学出版社
社　　址　北京市朝阳区定福庄东街 1 号　　邮编:100024
电　　话　010-65450532 或 65450528　　传真:010-65779405
网　　址　http://www.cucp.com.cn
经　　销　全国新华书店

印　　刷　北京玺诚印务有限公司
开　　本　787mm×1092mm　1/16
印　　张　11.5
字　　数　212 千字
版　　次　2017 年 12 月第 1 版　2017 年 12 月第 1 次印刷

书　　号　ISBN 978-7-5657-2054-3/G・2054　　**定　　价**　48.00 元